教师教学技能培养系列教程

本册主编：郄利芹
副 主 编：邱 磊 柯 丹

中国轻工业出版社

图书在版编目(CIP)数据

教师教学技能培养系列教程. 小学英语 / 郄利芹主编. —北京: 中国轻工业出版社, 2019.6

ISBN 978-7-5184-2466-5

Ⅰ.①教… Ⅱ.①郄… Ⅲ.①小学-英语课-课堂教学-师资培训-教材 Ⅳ.①G623

中国版本图书馆 CIP 数据核字(2019)第 080330 号

策划编辑: 刘云辉　张文佳　责任编辑: 张文佳　责任终审: 张乃柬
责任监印: 张　可　　　　　封面设计: 郝亚娟　图书策划: 天宏教育

出版发行: 中国轻工业出版社(北京市东长安街 6 号,邮编 100740)
印　　刷: 三河市人民印务有限公司
经　　销: 各地新华书店
版　　次: 2019 年 6 月第 1 版第 1 次印刷
开　　本: 710×960mm　1/16　　　　印　　张: 15
字　　数: 252 千字
书　　号: ISBN 978-7-5184-2466-5　　定　　价: 42.00 元
邮购电话: 010-65241695
发行电话: 010-85119835　传真: 85113293
网　　址: http://www.chlip.com.cn
Email: club@chlip.com.cn
如发现图书残缺请与我社邮购联系调换
171626Y1X101HBW

《教师教学技能培养系列教程》
丛书编委会

《教师教学技能培养系列教程·小学英语》
本册编委会

本册主编： 郄利芹

副 主 编： 邸　磊　柯　丹

编　　委： (按姓氏笔画排序)

王琳琳　白　茹　刘海英　孙　宜　邸　磊

郄利芹　柯　丹　姚映红　贺　昀　韩　冰

魏　巍

序

三年前，作者团队组织北京市新教师教学技能展示活动，他们一直没有间断持续了多年的研究工作。在对四个省市一线教师的调研后，他们决定编写一套教材，以提高青年教师入职后需求的针对性，并收入团队近几年的研究成果。

作者嘱我作序，抚摸还散发着淡淡墨香的校对稿，我心绪万千。

记忆中，我第一次教学的经历在眼前越来越清晰。1971 年春，作为知青，我在黑龙江生产建设兵团下乡已经一年半了。一天早晨，下地干活时，我走得慢了点儿，正在追赶自己的同伴。连长喊住我，让我去村里的小学给学生上课。我说，我不会哦！连长说，什么会不会的！不就是哄孩子吗？去吧！就这样，我为因突然得病住医院的村小教师代了近一个月的课。那个年代，谁都能教书！人们对教师的认识就是如此，当教师是无奈的选择。“家有三斗粮，不当孩子王”。

多年后，作为教师队伍中的一员，每当想起此事，我都深深地以此为痛，决心要为改变社会的这种认识做点什么！埋怨社会的不理解？教师待遇低？学生不听话？不认真听讲？强调外部条件的不利，永远没出路！关键是教师自身要硬！要加强自身学识、修养和教育教学能力的提高，使之成为专业性很强的职业——一个别人不可替代的职业！毕竟，没人敢临时替飞行员开飞机，替医生给病人开刀。

微格教学方法从课堂教学中教师的行为入手，归纳并分类，提炼出要素。结合教学设计，以“教学技能”“角色扮演”为核心概念，便于师范生和青年教师逐个训练和掌握，再整合起来，形成教学能力。我于 1982 年开始学习研究微格教学方法，后在教育部师范司、北京市教育局师范处和北京教育学院领导的支持下，坚持到如今。1990 年北京教育学院受师范司委托与首都师范大学联合举办全国师范院校微格教学培训班后，国内各师范院校同行进行了深入且广泛的研究和实践。实践证明，这种方法是切实可行的，可操作的，可初步测量的，可重复的。2017 年北京教育学院领导决定开展“启航杯”新任教师教学风采展示活动，从而激发了各区县新教师训练、提高、研究教学的新高潮。

在师范生职前培养的课程体系中，教育学、心理学、教学论等师范类理论课程无疑对教学的指导具有重要意义。微格教学方法能为这些理论提供具体案例，在训练中能唤起教师的相关理论回忆，加深对理论的理解。

我国著名教育家陶行知，原名文俊，后改名为知行。为什么最后又改为行知呢？因为先生认为，“行是知之始，知是行之成”。知道不是真知道，做到才是真知道。有了理论，还要实践理论，这才是真的理解了理论。能实践，能教学，还不是真的会教学。要有理论指导，自觉地遵循规律，才是真的会教学。所谓知行合一，是搞好教学的真谛，我们走的，是先生所指引的路。

2018 年 1 月 20 日中共中央国务院颁布《关于全面深化新时代教师队伍建设改革的意见》一共 27 条，其中第 10 条明确提出：要强化“教学基本功和教学技能训练”。我们走的，更是党中央指引的路！

当前信息技术发展迅猛，为微格教学的开展和研究提供了更多的可能性。基于信息技术开发的教学技能训练平台，可以记录师范生或教师的教学设计、教学视频片段、评价数据、训练或教学反思等多种形式的信息，为寻找教师成长规律提供数据依据。

从教师成长历程角度看，微格教学的技能训练是第一阶段，遵循的是还原论，主要是为了便于分析和训练；整合是第二阶段，以整体论为指导，教师已基本掌握了教学技能，根据自身长处，逐步将各种技能有机地整合起来用于教学实践；最后是系统论的引领，在此阶段教师已能自如引用教学技能，融入个人性格、特点、学识、修养等诸因素，形成自己独特的教学风格。

这套教材是作者为青年教师所作，也可以用于师范院校师范生的教学技能训练。

孟宪凯

2019 年 4 月 24 日夜，于北京教育学院

前言 | Preface

教育教学改革的思想和理论，最终都要落实在课堂上，最关键的环节就是教师的教学实施。教师是否具备相应的教学技能，是教师能否有效实施教学设计、实现教学目标的重要保证，是衡量教学质量的核心。在 2012 年教育部颁发的《教师专业标准》中，教学技能是教师“专业能力”维度中的主要内容，是教师实施课堂教学的基本能力。因此，教学技能是教师教学能力中最为重要的能力要求，加强教师的教学技能训练是教师培训的核心话题。尤其是刚走上工作岗位的新教师，需要在尽可能短的时间内提升自己的教学技能，胜任实际教学工作。

在众多的培养和提高教师教学技能理论与实践的培训中，微格教学是一种具有代表性的有效方法。微格教学将学科方法论、教育学、心理学、还原论等教育教学理论与现代技术有机结合起来应用于教学技能训练实践之中。微格教学研究教师课堂教学行为，并通过对教学技能组成要素的分析，让教师明确每一项教学技能在课堂上“做什么”“怎么做”“为什么要这样做”；微格教学技能培训采用微型模拟课堂，同伴扮演学生角色，录制教师模拟讲课并进行回看的训练方式，针对一个或两个特定的教学技能进行学习、训练和研磨，分解了实际教学的复杂程度，减少了教师的心理压力，突破了目前采用的“说课”培训模式中，教师在“假想中与学生互动”的不足，尽可能展现教师在真实课堂中的行为表现。这种训练模式能够让教师“亲眼”看到自己在教学技能行为中的不足，并根据技能评价指标，尽快地改进完善。微格教学培训能使青年教师的课堂教学技能、技巧在较短的时间内得到全面、系统的培养和培训，顺利实现课堂教学从生疏到熟练的过渡。

北京教育学院与中国教育技术协会微格教学专业委员会联合举办的“启航杯”新教师教学风采展示活动是北京市新教师微格教学培训的成果展示。展示活动为北京市中小学搭建了新教师成长发展的平台，促进了新教师培训改革创新，展示的成果为微格教学的研究提供了宝贵资料。为了让微格教学培训在教师教学技能培养中发挥更大的作用，我们以北京教育学院微格教学研究为基础，选取展示活动中的优秀成果为案例，与相应学科专家教授共同研究开发了本套丛书。目前丛书包括小学语文、小学数学、小学英语、小学道德与法治；中学语文、中学英语、中学政治、中学地理和信息技术学科。

丛书根据各学科特点，按照教师专业标准的要求，对教师课堂教学基本技能（教学设计、语言技能、观察技能、导入技能、提问技能、讲解技能、演示技能、板书技能、沟通技能、结束技能等）进行具体分析，每个技能都从定义、功能、类型等方面进行了解读，详细分析每个技能构成要素，以及每个要素如何做才能在实际课堂上发挥作用，并辅以教育教学的理论支撑，为教师专业化发展提供了有效的途径和方法。同时，每个技能都选取了大量的教学案例，详细分析案例中技能要素的体现，帮助教师理解每个技能在课堂上“做什么”“如何做”“为什么要这样做”，不仅知其然，更要知其所以然。每个技能都附有评价量规，既是对教师教学技能考核的标准，也是教师教学技能发展提升的目标和指引。

为了提高丛书的使用价值，配套了相应学科的训练手册。手册内容与学科分册的章节相对应，每个章节都提供了大量的组织活动、有针对性的实践训练方法、思考研讨题目等。在开展集体培训或校本培训时，可配合使用，能有效加强巩固教师教学技能的形成，提升教师课堂教学能力，优化课堂教学。

小学英语分册由郄利芹任主编，邸磊、柯丹任副主编。各章节编写人员如下：邸磊编写综述教师专业化发展与微格教学；郄利芹、贺昀编写第一章教学设计技能；柯丹编写第二章教学语言技能；刘海英编写第三章导入技能；韩冰编写第四章提问技能；王琳琳编写第五章讲解技能；姚映红编写第六章媒体应用技能；魏巍编写第七章板书技能；白茹编写第八章沟通技能；孙宜编写第九章结束技能。

目录 | Contents

综述　教师专业化发展与微格教学

第一章　教学设计技能

第二章 教学语言技能

第三章 导入技能

第四章 提问技能

第五章 讲解技能

第六章 媒体应用技能

第七章 板书技能

第八章 沟通技能

第九章 结束技能

参考文献

综　述

教师专业化发展与微格教学

学习目标

- 了解：教师专业化发展对教师教学技能的要求
- 掌握：微格教学训练方法
- 分析：微格教学训练对教师专业化发展的促进作用
- 辨析：微格、微课、慕课几个概念

第一节　教师专业化发展方向

一、教师职业的专业化

中国曾经有过“家有三斗粮，不当孩子王”的说法，教师的职业曾经被看作是下九流的职业，教师也曾经被称为“臭老九”。人们曾经认为，只要有点学科知识、接受过教育的人就能从事教师工作，教师职业的专业价值被忽视、被替代。

随着人们对教育认识的深入，教师职业的专业性才得到重视。1993 年 10 月 31 日，国务院颁发《中华人民共和国教师法》，从法律的角度肯定了教师职业的专业性。1995 年 12 月 12 日，中华人民共和国国务院颁发的《教师资格条例》规定“中国公民在各级各类学校和其他教育机构中专门从事教育教学工作者，应当依法取得教师资格”，使得教师像律师、医生、飞行员一样，成为一个专门职业。2000 年 9 月 23 日，中华人民共和国教育部颁发了《〈教师资格条例〉实施办法》，包括资格认定条件、资格认定申请、资格认定、资格证书管理等。2012 年 2 月 10 日，教育部制定的《中、小学教师专业标准（试行）》对中小学教师的教师专业伦理标准、教师专业知识标准、教师专业能力标准等专业性标准做出了硬性规定。

《小学教师专业标准》的颁布，规范了小学教师职业的专业化发展方向。我国教育部前部长袁贵仁更为准确、严谨的表述是：“第一，教师专业既包括学科专业性，也包括教育专业性，国家对教师任职既有规定的学历标准，也有必要的教育知识、教育能力和职业道德的要求；第二，国家有教师教育的专门机构、专门教育内容和措施；第三，国家有对教师资格和教师教育机构的认定制度和管理制度；第四，教师专业发展是一个持续不断的过程，教师专业化也是一个发展的概念，既是一种状态，又是一个不断深化的过程。”

二、小学教师专业标准

为促进教师专业发展，建设高素质教师队伍，根据《中华人民共和国教师

法》和《中华人民共和国义务教育法》，特制定《小学教师专业标准（试行）》（以下简称《专业标准》）。

小学教师是履行小学教育工作职责的专业人员，需要经过严格的培养与培训，具有良好的职业道德，掌握系统的专业知识和专业技能。《专业标准》是国家对合格教师专业素质的基本要求，是教师实施教育教学活动的基本规范，是引领教师专业发展的基本准则，是教师培养、准入、培训、考核等工作的重要依据。

1. 基本理念

（1）师德为先。

热爱教育事业，具有职业理想，践行社会主义核心价值体系，履行教师职业道德规范，依法执教。关爱小学生，尊重学生人格，富有爱心、责任心、耐心和细心；为人师表，教书育人，自尊自律，做学生健康成长的指导者和引路人。

（2）学生为本。

尊重学生权益，以学生为主体，充分调动和发挥学生的主动性；遵循学生身心发展特点和教育教学规律，提供适合的教育，促进学生生动活泼学习、健康快乐成长。

（3）能力为重。

把学科知识、教育理论与教育实践相结合，突出教书育人实践能力；研究学生，遵循学生成长规律，提升教育教学专业化水平；坚持实践、反思，再实践、再反思，不断提高专业能力。

（4）终身学习。

学习先进教育理论，了解国内外教育改革与发展的经验和做法；优化知识结构，提高文化素养；具备终身学习与持续发展的意识和能力，做终身学习的典范。

2. 基本内容

小学教师专业标准基本内容：

维度	领域	基本要求
专业理念与师德	（一）职业理解与认识	1. 贯彻党和国家教育方针政策，遵守教育法律法规。 2. 理解小学教育工作的意义，热爱小学教育事业，具有职业理想和敬业精神。 3. 认同小学教师的专业性和独特性，注重自身专业发展。 4. 具有良好职业道德修养，为人师表。 5. 具有团队合作精神，积极开展协作与交流。
	（二）对小学生的态度与行为	6. 关爱小学生，重视小学生身心健康，将保护小学生生命安全放在首位。 7. 尊重小学生独立人格，维护小学生合法权益，平等对待每一位小学生。不讽刺、挖苦、歧视小学生，不体罚或变相体罚小学生。 8. 信任小学生，尊重个体差异，主动了解和满足有益于小学生身心发展的不同需求。 9. 积极创造条件，让小学生拥有快乐的学校生活。
	（三）教育教学的态度与行为	10. 树立育人为本、德育为先的理念，将小学生的知识学习、能力发展与品德养成相结合，重视小学生全面发展。 11. 尊重教育规律和小学生身心发展规律，为每一个小学生提供适合的教育。 12. 引导小学生体验学习乐趣，保护小学生的求知欲和好奇心，培养小学生的广泛兴趣、动手能力和探究精神。 13. 引导小学生学会学习，养成良好学习习惯。 14. 尊重和发挥好少先队组织的教育引导作用。
	（四）个人修养与行为	15. 富有爱心、责任心、耐心和细心。 16. 乐观向上、热情开朗、有亲和力。 17. 善于自我调节情绪，保持平和心态。 18. 勤于学习，不断进取。 19. 衣着整洁得体，语言规范健康，举止文明礼貌。
专业知识	（五）小学生发展知识	20. 了解关于小学生生存、发展和保护的有关法律法规及政策规定。 21. 了解不同年龄及有特殊需要的小学生身心发展特点和规律，掌握保护和促进小学生身心健康发展的策略与方法。 22. 了解不同年龄小学生学习的特点，掌握小学生良好行为习惯养成的知识。

续表

维度	领域	基本要求
专业知识	（五）小学生发展知识	23. 了解幼小和小初衔接阶段小学生的心理特点，掌握帮助小学生顺利过渡的方法。 24. 了解对小学生进行青春期和性健康教育的知识和方法。 25. 了解小学生安全防护的知识，掌握针对小学生可能出现的各种侵犯与伤害行为的预防与应对方法。
	（六）学科知识	26. 适应小学综合性教学的要求，了解多学科知识。 27. 掌握所教学科知识体系、基本思想与方法。 28. 了解所教学科与社会实践、少先队活动的联系，了解与其他学科的联系。
	（七）教育教学知识	29. 掌握小学教育教学基本理论。 30. 掌握小学生品行养成的特点和规律。 31. 掌握不同年龄小学生的认知规律和教育心理学的基本原则和方法。 32. 掌握所教学科的课程标准和教学知识。
	（八）通识性知识	33. 具有相应的自然科学和人文社会科学知识。 34. 了解中国教育基本情况。 35. 具有相应的艺术欣赏与表现知识。 36. 具有适应教育内容、教学手段和方法现代化的信息技术知识。
专业能力	（九）教育教学设计	37. 合理制定小学生个体与集体的教育教学计划。 38. 合理利用教学资源，科学编写教学方案。 39. 合理设计主题鲜明、丰富多彩的班级和少先队活动。
	（十）组织与实施	40. 建立良好的师生关系，帮助小学生建立良好的同伴关系。 41. 创设适宜的教学情境，根据小学生的反应及时调整教学活动。 42. 调动小学生学习积极性，结合小学生已有的知识和经验激发学习兴趣。 43. 发挥小学生主体性，灵活运用启发式、探究式、讨论式、参与式等教学方式。 44. 发挥好少先队组织生活、集体活动、信息传播等教育功能。 45. 将现代教育技术手段整合应用到教学中。 46. 较好使用口头语言、肢体语言与书面语言，使用普通话教学，规范书写钢笔字、粉笔字、毛笔字。 47. 妥善应对突发事件。 48. 鉴别小学生行为和思想动向，用科学的方法防止和有效矫正不良行为。

续表

<table>
<tr><th>维度</th><th>领域</th><th>基本要求</th></tr>
<tr><td rowspan="3">专业能力</td><td>（十一）激励与评价</td><td>49. 对小学生日常表现进行观察与判断，发现和赏识每一位小学生的点滴进步。
50. 灵活使用多元评价方式，给予小学生恰当的评价和指导。
51. 引导小学生进行积极的自我评价。
52. 利用评价结果不断改进教育教学工作。</td></tr>
<tr><td>（十二）沟通与合作</td><td>53. 使用符合小学生特点的语言进行教育教学工作。
54. 善于倾听，和蔼可亲，与小学生进行有效沟通。
55. 与同事合作交流，分享经验和资源，共同发展。
56. 与家长进行有效沟通合作，共同促进小学生发展。
57. 协助小学与社区建立合作互助的良好关系。</td></tr>
<tr><td>（十三）反思与发展</td><td>58. 主动收集分析相关信息，不断进行反思，改进教育教学工作。
59. 针对教育教学工作中的现实需要与问题，进行探索和研究。
60. 制定专业发展规划，积极参加专业培训，不断提高自身专业素质。</td></tr>
</table>

3. 实施建议

（1）各级教育行政部门要将《专业标准》作为教师队伍建设的基本依据。

根据教育改革发展的需要，充分发挥《专业标准》的引领和导向作用，深化教师教育改革，建立教师教育质量保障体系，不断提高教师培养培训质量。制定教师准入标准，严把教师入口关；制定教师聘任（聘用）、考核、退出等管理制度，保障教师合法权益，形成科学有效的教师队伍管理和督导机制。

（2）开展教师教育的院校要将《专业标准》作为教师培养培训的主要依据。

重视教师职业特点，加强教育学科和专业建设。完善教师培养培训方案，科学设置教师教育课程，改革教育教学方式；重视教师职业道德教育，重视社会实践和教育实习；加强从事教师教育的师资队伍建设，建立科学的质量评价制度。

（3）学校要将《专业标准》作为教师管理的重要依据。

制定教师专业发展规划，注重教师职业理想与职业道德教育，增强教师育人的责任感与使命感；开展校本研修，促进教师专业发展；完善教师岗位职责和考核评价制度，健全绩效管理机制。

（4）教师要将《专业标准》作为自身专业发展的基本依据。

制定自我专业发展规划，爱岗敬业，增强专业发展自觉性；大胆开展教育教学实践，不断创新；积极进行自我评价，主动参加教师培训和自主研修，逐步提升专业发展水平。

第二节　微格教学的理论与训练

一、微格教学的理论基础和方法基础

1. “还原论”是微格教学的理论基础

钱学森说：“还原论的方法，即培根的科学研究哲学。这个方法是把一个问题进行分解，如果觉得还大，再分解，一点一点地分解下去，直到问题解决。对于认识客观世界的许多深层次的问题，是需要这样解决的。”最新的大不列颠百科全书把还原论定义为：“在哲学上，还原论是一种观念，它认为某一给定实体是由更为简单或更为基础的实体所构成的集合或组合；或认为这些实体的表述可依据更为基础的实体的表述来定义。”还原论就是将高层的、复杂的对象分解为较低层的、简单的对象来处理。

人类在宇观层面认识事物产生了天文学，在常观层面认识事物产生了牛顿物理学，在分子的微观层面认识事物产生了化学，在原子的微观层面认识事物产生了近代物理学，在基本粒子的微观层面认识事物产生了高能物理学。可以看出，在不同的层次研究事物将拓展研究领域、深化对事物的认识。

这对于我们认识复杂的课堂教学具有巨大的启示作用。课堂教学是一个复杂的现象，尤其对青年教师来说，很难从整个课堂教学入手提升课堂教学能力。微格教学运用了还原论的方法，当宏观层次上的教学活动由于其复杂性和灵活性，难于用固定行为模式来描述时，就将其分解，直到在更基本的教学技能层次上使问题得到解决，然后再综合运用到宏观层次上，解决这一层次的实践问题。美国著名教育研究专家盖奇（Gage）指出：“教学研究的全盘宏观方法已遭失败，因而教育家应采用科学家剖析分子的方法来理解复杂的教育现象。”

应用还原理论，微格教学将研究定位在教师课堂教学的每一类教学技能行为的层面，通过对这一层面教师各种教学行为的研究，运用现代教育技术，采用客观、系统化和可操作的科学方法发现、归纳出提升教师教学能力的方法，使对教学认识的深化和系统地分析、研究与训练成为可能。

2. “聚类分析”是微格教学的方法基础

聚类分析（cluster analysis）是一组将研究对象分为相对同质的群组（clusters）的统计分析方法，是典型的物以类聚的一种统计分析方法。在此分析是区分的意思；聚类则是衡量不同数据源间的相似性把各数据源分到不同的“类”中。

依据聚类分析的原理，北京教育学院对六方面49条教学行为，根据其特征与功能作为衡量和归类的基础，把原来分属于教师能力、教学基本功、教学法各范畴和各维度内的内容聚类成八项基本教学技能。比如，板书、言语、观察原来属于教学基本功范畴；演示、讲解属于教学法的范畴，这些教学基本功、教师能力、教学方法只要能解析出各自的行为要素，且又是教师课堂教学经常使用的行为动作，统统聚类成课堂教学技能。

总之，还原论和聚类分析方法是我们研究课堂教学技能的基本方法，也是开发新技能遵循的基本思想。随着新课改的深入，采用这两种方法，又开发出沟通技能、学习方法指导技能、思维指导技能……还原论和聚类分析法也是今后创新技能，研究、认识微格教学的方法武器。

二、微格教学的基本概念

1. 什么是微格教学

微格教学是一个有控制的实践研究系统。它使学习者有可能集中解决某一特定的教学行为，或在有控制的条件下进行学习。它是建立在控制论、还原论和现代技术基础上，系统训练教师教学技能的方法。

2. 微格教学的研究对象

微格教学主要研究各学科专业课堂教学技能的行为模式和有效的教学技能训练过程，以及某些较为复杂的教学专题。

3. 教学技能行为模式

教学技能行为模式是微格教学研究的核心，研究如何形成一个可具体描述、可操作的教学技能行为模式，并能够进行有效的训练、反馈和评价。根据不同的

教育教学思想可以提出各种不同的教学技能，但要符合可训练的要求则必须满足一定的条件。这些条件可以概括如下：

- 教学技能必须是对教师课堂教学行为的描述。明确“做什么”“怎么做”“为什么要这样做”。实现教学技能的可操作性、可观察性、可展现性。
- 构成技能的教学行为，应该是课堂教学中教师关于教学效果的有效行为。
- 教学技能是对某一类教学行为的概括，从而使各项教学技能之间有比较明确的界定。
- 教学技能操作的合理性由相关的教育教学理论来支撑，实现理论对实践的指导。
- 每项教学技能应有明确的培训目标和可观察的评价标准。

4. 有效的教学技能训练方法

微格教学的另一个主要研究任务是有效的技能训练方法。教学技能中既包含动作技能，也包含心智技能。这两种技能是技能形成的两个主要成分：一是活动的规则；二是通过练习使活动符合规则，并达到熟练的程度。认知心理学对技能形成的研究强调目的性，计划的内部程序或表象等在技能形成中的控制作用。在训练中，训练者的意向是力求使所做的与想做的内部模式相符合的过程。所以，微格教学研究如何将外在的技能模式通过理论学习、观摩示范、练习，转变为教师内部的控制程序或活动表象。通过训练、反馈与评价、内部矫正的技能模式，逐渐使外部的活动符合这些技能规则，使内部相应的心智活动与外部动作相协调达到准确、流畅和熟练。

依据对教学技能形成过程的研究，微格教学分析如何以系统论、控制论的方法，设计训练的程序和实施训练时的各种控制措施，并研究开发应用各种现代化教育技术和绩效评价技术。

5. 微格教学的研究方法

微格教学是一门应用性课程，是教育科学理论和方法的直接应用。它在基础理论和实践之间架起了一座可操作性的桥梁。教育科学研究领域中理论与实践的联系，要通过某种技术的中介作用才能实现，微格教学就是将教育教学理论直接用于指导教学活动的实践技术。

微格教学采用的方法有：

- 对完整的课堂教学中的基本教学活动，依据其共性进行分类，形成具有明显区别界限的各类教学技能。

- 将各类教学技能的相关知识转化为有明确目标的可操作规则体系。
- 对每一项技能结构组成要素及理论依据加以分析，以便于在训练与评价过程中进行控制，最后整合运用到实际教学中。

三、微格教学技能训练模式

1. 微格教学训练过程

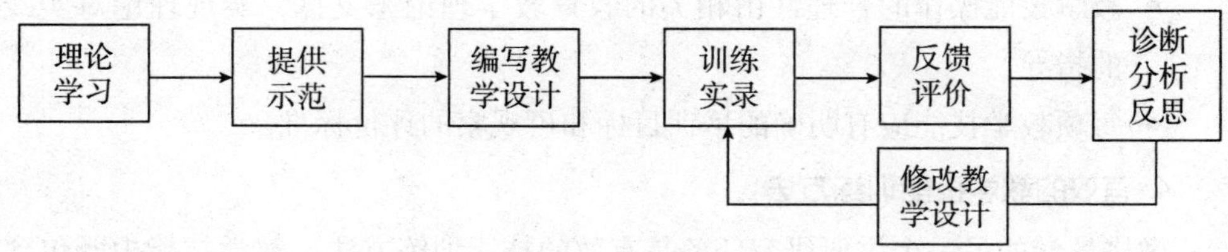

（1）理论学习。

学习的内容主要是微格教学的训练方法、与各教学技能相应的教育教学理论、教学技能要素、理论依据及要素实现方法、策略、评价等。在一段时间内，可由教研组以某个教学技能为专题组织学习与讨论。

（2）提供示范。

通常在训练前结合理论学习，提供含有某个教学技能的教学片断音像示范，便于教师对教学技能的感知、理解、分析和评价。可以参照评价表观察，观察时思考下列问题：

- 这位老师的哪些地方符合该项教学技能的要求？
- 遵循了哪些教育、教学理论？
- 对您有什么启发？
- 在课堂上，您会怎么做？
- 哪些地方有问题？
- 如何避免？

（3）编写教案。

选择一个近期要讲的主题、针对要训练的技能，撰写微格教案。微格教案与平时教案不同的是所训练的技能描述要更加详细，并分析教师行为所体现的教学技能要素。本次训练重点是对所训练技能的观察、分析与评价。这样做是为了便于掌握和突出重点。教案中要标明所训练技能的训练目标，详细说明该教学技能

部分的教学过程中的教学行为，该技能的要素。其他部分与平时的教案相同。

（4）训练实录。

微格教学训练采用5~7人为一个小组，训练的时候模拟课堂的形成，一位老师进行试讲，其余几人扮演学生角色，配合试讲老师进行模拟课堂教学。试讲时要提前安排摄像人员，到普通教室或微格教室对课堂教学进行实录。录像可以较全面地记录教师该项教学技能的行为和学生的表现等信息。

（5）反馈和评价。

组织教研组活动，重点讨论、观摩该项教学技能。讲课教师首先简单介绍自己的设计思路和想法，发放该项教学技能评价单，播放录像。教研组的成员边观察，边填写评价单。教研组一起讨论教师在该项教学技能方面的行为表现。讨论要采用“1+1”的方法，也就是两分法，要提出不足，也要提出优点和长处。要针对不足提出改进建议。同时，可以参考计算机打印出的评价柱状图，重新播放关键片断，开展深入、细致的讨论。教师本人也可以找时间多次反复观看，参考大家的意见，找出自己该项教学技能的优点和不足。一般情况下，多次观看自己的教学录像会有意想不到的效果。请坚持找时间至少观看5遍自己的教学技能片断。写自己的教学反思。

（6）修改教案与第二轮教学技能训练。

针对反馈中发现的问题和教研组的建设性意见修改教学设计。在另一个班进行实践并录像。对比两次录像，分析效果。

2. 微格教学训练特点

微格教学注重教学技能的训练、提高和研究。从教师的教学行为改变入手，达到教育理论的内化和深化。反过来，加深了教师对教育理论的理解，引导教师在更深层面去挖掘课堂教学的内涵，是在理论指导下总结教学经验的有效途径。微格教学训练的特点主要有如下几项。

（1）加快教师成长的步伐。

目前，大部分青年教师教学技能提升的方法是青年教师自我磨炼和师傅带徒弟的方式，这样的成长方式需要用较长的时间，但是学生成长不能等，这就要求青年教师要在尽可能短的时间内成为合格甚至优秀的教师。微格教学分技能训练，给学生提供小步调的学习任务、明确的目标指引和具体可操作的指导以及操作背后的理论依据。教学技能的训练就是从教师和方法要素入手，从整体上优化教学的学生、教师、教材和方法等要素，提高教学效率。

(2) 避免将知识性的错误带入课堂。

在试讲的过程中能够及时发现教师（尤其是新教师）可能出现的知识性错误并及时进行纠正，避免将知识性的错误带入真实的课堂，给学生造成不良影响。

(3) 直接、即时反馈。

心理学实验告诉我们，反馈提供的越及时，对学习越有利。微格教学所采用的技术支持和活动设计安排能为教师提供最及时的反馈。

用录像记录教师教学过程，能为教师提供关于教学的从图像、声音到学生反应等全面的反馈。为教师跳出自我，客观地观察、分析、研究和改进自己的教学行为提供最直观的反馈。

(4) 技能训练是掌握复杂活动的有效途径。

从认识与行动统一的观点来看，动作技能与心智技能是既有联系又有区别的。感知、表象、思维和肌肉运动是组成技能的必要环节。外部动作是心智技能形成的最初依据，也是它的经常体现。心智活动又是外部动作的调节者。在完成比较复杂的活动过程中，不仅需要心智技能，而且也需要动作技能。

(5) 技能训练丰富了教师学习教学的方式。

斯宾塞在《教育技术与媒体心理学》中提出，不同的学习方式有不同的学习效果：

- 通过阅读，学习者能记住 10%。
- 通过听讲，学习者能记住 20%。
- 通过阅读和观察，学习者能记住 30%。
- 通过听讲和观察，学习者能记住 50%。
- 通过理解之后的表达，学习者能记住 70%。
- 通过理解之后的实践，学习者能记住 90%。

微格教学良好的效果正是因为遵循了这个规律。

(6) 定性与定量评价相结合，提高教师对教学的鉴赏能力。

微格教学训练过程中特别强调教师评价能力的提升，有自评、他评环节，评价的时候不仅有定性的评价，相应的评价量规及评价软件可以实现定量评价，既有技能提高的具体指标，也有从整体感受去体验教学过程。

对任何事物，人们的鉴别能力总是高于实践能力。只有提高了鉴别能力，才

能为实践能力的提高提供可能性。微格教学特别注重评价，有自评和他评，每一次评价都是对教师评课能力的一次提升，为教师自身教学技能的提升打开了空间。

（7）实现自我教育的目的。

教学的高层次境界是引导学习者找到适合自己的学习方法。技能训练就是要帮助教师探索、改进及提高自己教学的有效方法。同时，为学习者领会指导教师的诊断提供了反思的依据。微格教学训练过程中的录像回看，能够有效地帮助教师进行自我评价，从而实现自我教育的目的。

3. 微格教学训练加快教师专业化成长步伐

“教有定法”和“教无定法”是教育领域里看似矛盾的两种说法，其实不然。水无常形，教无常法。“教无常法”是老教师总结教学经验时经常提到的。这是老教师针对不同的学生、不同的内容和条件所采用的各种方法的高度概括。老教师上课可能不拿教案和教材，那是因为“教学内容”“教学设计”和“教学方法”都已经烂熟于胸的缘故。对师范生和青年教师而言，过早地提“教无常法”则会引起更大的迷茫和混乱。

对于师范生和青年教师来说，只有起步于“教有定法”，经过自己的实践和体验、逐步积累，才能逐步过渡到“教无常法”的境界。而微格教学方法可以使这个“过渡”周期更短一点、更科学一点、更有效一点。孔夫子说：“吾十有五而志于学，三十而立，四十而不惑，五十而知天命，六十而耳顺，七十从心所欲，不逾矩。”讲的就是这个道理。如果青年教师没有进行过专门的教师职业技能的训练并有意识地进行技能实践的积累，就不可能在教学方面达到“游刃有余”“从心所欲，不逾矩”的境界。谁能自觉地遵循这一规律，有意识地不断学习、实践和反思，谁就会更快地成长，提前跨上教师职业化和专业化的台阶，这也是教师职业专业化发展的需要。

微格教学促进教师专业化发展分为三个阶段。

第一阶段为“入格阶段”。这一阶段是教师建构教学技能知识阶段。了解、理解技能定义、功能、要素、理论依据、类型、运用策略等。主要是形成心智技能，属于内隐行为，表现为教学设计，撰写教案。

第二阶段为“合格阶段”。这一阶段是教师教学技能在课堂上的操作实施阶段。教师能将教学技能运用于教学实际，属程序性知识的教学层次。新教师在这一阶段要从模仿、照搬别人经验或研究成果逐步过渡到学会改造和变化迁移运用于自己的教学。

第三阶段为“破格阶段”。在这一阶段，教师能运用教学技能策略进行教学并对运用实施监控。教师主动学习、控制自己的教学技能，属于策略性知识的教学层次。这一阶段也是教师由“教有定法”走向“教无定法”的阶段，在这一阶段，教师独立思考，自研教法，初具雏形，并能在此基础上提出创新课题，形成自己独特的创新成果。

4. 微格思想助力教师开展行动研究

用科研促进教学实践是教师专业化发展的重要途径，当前，行动研究是教师进行教学实践研究非常有效的科学研究方法。行动研究的主题通常是教师在教学实践过程中遇到的问题，比如用什么样的教学方法才能使教学效果最优？如何有效处理和解决学生纪律和行为习惯方面的问题？怎样在让所有学生都得到发展的前提下又照顾到学生的个别差异？等等。教师在实践教学过程中遇到的很多问题，都可以反映出教师教学技能上存在的问题。微格教学应用还原论的方法从教师课堂教学技能要素分析入手，研究每一个要素在教学实践中的贡献和功能。教师可以应用微格思想，通过以下方法进行行动研究。

（1）分析问题，确定主题：发现教学实践中的问题，从教学技能的功能中查找与该教学实践问题有关的技能及要素，从而确定行动研究的主题。

（2）研究问题，制定方案：根据技能要素的分析，找到问题可能的因素，设计解决问题的方法，制定行动方案。

（3）实践研究，观察反思：在实施方案的过程中，观察学生的变化，不断反思，在实践过程中不断检验解决问题方法的有效性，并不断修正。

（4）形成结论，推广应用：根据对实践研究的效果分析，形成解决问题的具体建议，并应用在今后的教学过程中，实现从实践到理论的提升。

四、微格、微课、慕课的区别

目前，随着教育教学中技术环境的改变，“互联网 +”时代的课程创新进入了“小微时代”，涌现出一些微、小、精的新课程形式，如微课、慕课等。很多老师对这些名词不清楚，经常混淆它们的概念和用途。其实，微格、微课、慕课三者之间有很大的区别。

1. 概念的区别

微格教学是“一个缩小了的、可控制的模拟教学环境，它使准备成为教师或已是教师的人有可能集中掌握某一特定的教学技能和教学内容”。

微课是教师将某一知识点的讲解录制成5～10分钟的视频，学生通过观看视频，学习和理解所讲的知识内容。

慕课（MOOC），英文直译“大规模开放的在线课程”，是一种在线学习方式，提供完整的学习体验，有学习社区，有作业，有测验，有结业（毕业）证书（很类似我们的开放大学教育，但是进出更为自由）。

2. 受众的不同

微格教学是教师培训课程，对象是师范生或在职的年轻教师。教学形式是师—师互动模式。

微课的使用对象是学生。翻转课堂模式下，利用微课，帮助学生课前学习知识内容，课堂上解决自学中遇到的问题，课后学生还可利用微课复习巩固所学知识，微课是学生自主学习的好帮手。

慕课课程的受众是世界各地的学习者，只要有上网条件就可以免费学习优质课程，这些课程资源对所有人开放的，不分国籍，只需一个邮箱，就可注册参与，学习在网上完成，不受时空限制。

3. 内容的不同

微格以能够完整体现一种技能为主要教学内容设计教学活动，所以，微格教学的“微”一是指“微技能”，用5～10分钟展现教师的一种教学技能表现；二是指“微模式”，7～8人组成微型的模拟课堂进行某种教学技能的训练。

微课是以能够完整体现一个知识点为主要教学内容进行讲解的，所以，微课的“微”是指“微内容”，用5～10分钟讲明白一个知识内容。

慕课是以一门课程为主要内容，分为不同章节，慕课会以每周研讨话题这样的形式，提供一种大体的时间表；慕课的课程结构也是最小的，通常会包括每周一次的讲授、研讨问题以及阅读建议等。每门课都有频繁的小测验，有时还有期中和期末考试。

第三节 案例分析

案例1：微格教学设计模板

训练技能：导入技能

<table>
<tr><td>教学课题</td><td colspan="5">UNIT SEVEN　WHAT IS SANYA FAMOUS FOR?</td></tr>
<tr><td>学科</td><td>小学英语</td><td>年级</td><td>五年级</td><td>教学时间</td><td>5 分钟</td></tr>
<tr><td>教学目标</td><td colspan="5">1. 在谈论“暑假去三亚和北京旅游”的情景下，通过创设问题情境，谈论暑假旅行计划。
2. 通过观察图片信息、师生互动等方式，使学生能够整体感知对话内容，同时能够运用拼读和结合语境两种方法学习、理解单词。
3. 通过分解读、小组分角色读等方式，使学生能够理解、表演课文对话，体会课文中的人物情感。
4. 和学生共同构建北京及三亚旅游的思维导图，使学生对本课内容形成整体感知，并能够在导图提示下就中国著名的城市因什么而著名进行合理的表达。</td></tr>
<tr><td>时间</td><td colspan="2">教师教学行为</td><td colspan="2">学生学习行为</td><td>教学技能要素</td></tr>
<tr><td>5 分钟</td><td colspan="2">Warming up：Free talk
T：Boys and girls，today we are going to talk about travelling.
T：What time is the summer vacation of this year?（展示图片）
travel plan
where are you going this summer?
How...?
Who...?
What...?</td><td colspan="2">Ss：In July and August.
Ss：Yes，I’m going to …
I will go by … And it I takes about … hours.</td><td>创设呈现式问题情境
通过谈论暑期旅游计划，巩固旧知，同时引出本课的主题内容，并在互动交际中初步构建思维导图，为后续语言输出做好铺垫。</td></tr>
</table>

续表

时间	教师教学行为	学生学习行为	教学技能要素
5分钟	T：Oh，yes，during the summer vacation，many students will go traveling. Now，can you tell us your travel plan for summer vacation? T：Good. You have a wonderful travel plan. It sounds exciting. I also have a travel plan，do you want to know? T：This is a map of China. Can you guess where I will travel this summer vacation? Ss：… T：Oh，yes. I will go to Sanya. It's a beautiful place.		目标指引

案例2：行动研究案例

针对学生的学习风格因材施教

冯晋婧

[摘要] 使用Barsch学习风格调查表对全班38位学生进行测试，发现该班学生触觉学习型的比例明显高于一般水平，同时听觉劣势的现象也非常突出。这一结果解释了该班学生“多动”“听不进去”等现象，也启发教师在今后的教学中加强视觉性教学，增加触觉性教学，利用优势，为不同的学生安排不同的学习活动，训练劣势，帮助学生采用多种通道整合学习，实现面向整体和个体双重因材施教。

[关键词] 学习风格　视觉学习　听觉学习　触觉学习

1. 问题提出

在日常管理与教育教学中，我发现我班的学生有两点非常突出。第一，非常好动。上课时做小动作的情况比较普遍，在大型集体活动中，队列里也总是有人动来动去或扭头说话，多次提醒教育后改进效果并不明显。第二，对于别人讲过的话印象不深。不论是有关知识的讲授还是日常事务的叮嘱，在很多同学那里都是“左耳朵进右耳朵出”，甚至对有些学生来说可能连脑子都没过，那些声音只是在他们周围盘绕了一下。

因此，这样的班级整体纪律和学习成绩都不会太好，老师带班和教学的难度也比较大。很多次，我都发现我讲课时学生目光呆滞，精神早已不知飘到哪里去了。讲解重点时，一定要我将答案写在黑板上或者打在课件上，他们才知道抄笔记。有关生字的错误，更是讲了多少遍都依然有人照错不误……

一开始，我总认为是孩子们没有用心，或者是我的教学方法需要改善。直到有一天，我在看书时联想微格教学培训中学习观察技能时学过的“学习风格理论”，该理论认为人的大脑存在天生的差异，每个人都习惯用某种感官系统去感受世界，获取信息。有的人靠眼睛洞察世界，有的人靠耳朵聆听世界，还有的人用皮肤感受世界。因此，人的学习类型是有差异的，大致分为三种：视觉学习型，听觉学习型，触觉学习型。在总样本常模中，这三种学习类型分别占有约80%，15%，5%的比例。

我突然意识到，为什么不测查一下我们班学生的学习类型呢？或许他们有着自己独特的认识世界的方式，如果我了解了他们的认知特点，可以更有针对性地开展教育教学，如果教师的教学方式与学生的学习风格相一致，他们就能学得更快、更好。

2. 研究经过

我选择了“Barsch 学习风格调查表”作为研究工具。该量表共 24 个条目，分为视觉学习、听觉学习、触觉学习三个维度，各用 8 个条目描述了这三种学习风格倾向的学习者的学习习惯，并将条目打乱排序。受测者根据自己的实际情况做出判断，对每个条目赋以分值。分值采用三级量表的赋分法，1 分代表“很少”，3 分代表“有时”，5 分代表“经常”。全部条目完成后，对三个维度的分值进行累加统计，根据总分的高低判断自己学习风格的倾向。

我让班级的 38 位同学全部参加了测查，共发放问卷 38 份，当场填答，当场回收，回收问卷 38 份，全部有效，数据有效率 100%。

3. 结果分析

我对回收的数据进行了频次统计，结果如下：全班同学的优势感觉通道以视觉为主，约一半左右的同学倾向于用视觉通道获取信息，但其比例（52.6%）低于常模样本中 80% 的比例；约 15.8% 的同学倾向于用听觉通道获取信息，这与

常模样本中15%的比例基本持平；然而触觉学习为主的比例（31.6%）远远高于常模样本中5%的比例，也就是说这个班有1/3的学生喜欢用动作探索世界，认识世界，这或许与儿童对行为的自控能力较弱有一定关系，但这个数据某种程度上也为他们的“多动”提供了合理化解释。

表1　学习风格优势感觉通道与劣势感觉通道人数及百分比分布

	优势倾向人数	优势百分比	劣势倾向人数	劣势百分比
视觉学习型	20	52.6%	5	13.2%
听觉学习型	6	15.8%	21	55.2%
触觉学习型	12	31.6%	12	31.6%

更令我意外的是劣势感觉通道的统计结果：全班有一多半的学生（55.2%）不喜欢用听觉通道获取信息，其次有约1/3的同学（31.6%）动作学习能力较弱，只有13.2%的同学不喜欢用视觉探索世界。看来学生听讲效率低，“左耳朵进右耳朵出”的问题也在这里找到了依据，有超过半数的学生根本就不愿意用听觉获取信息，那么他们对听到的内容也就习惯性地屏蔽。

调查结果中有两个结论令我感到吃惊：班级学生中触觉学习型的比例明显高于一般水平，听觉劣势的情况也十分明显。而且这种现象在女生中比在男生中表现得更加突出。

表2　男、女生触觉优势和听觉劣势人数及百分比对比

	总人数	触觉学习优势人数	触觉学习优势百分比	听觉学习劣势人数	听觉学习劣势百分比
男生	22	4	18.2%	10	45.5%
女生	16	7	43.8%	10	62.5%

对照着统计结果，我再回想班级中学生们的表现，更有恍然大悟之感。视觉通道是我们认识世界、获取信息的主要通道，那几个视觉通道劣势的同学，大多视力不良，或者是坐在教室的最后一排或者最侧两列，他们因为看不清楚所以选择了用其他的感觉通道代替视觉，获取更多的信息。触觉通道优势的同学果然就是平时爱做小动作的那些孩子，他们非常喜欢摆弄桌上的文具，说话时也常常伴有肢体动作，但他们的共同点就是动手能力比较强，在劳技、航模、美术等课程中有不俗的表现，而且这些孩子中大部分都比较聪明，属于思维敏捷、成绩优秀的孩子。

与该班学生截然不同的是，我个人是属于听觉优势的学习者，我擅长记忆并复述别人说的话，善于从语言中抓住重要信息，我的学习是以“听讲”为主，而我却不自主地将这种对我有效的学习方式传递给了我的学生，在教学中经常使用“讲解”法。殊不知我面对的是一群听觉劣势突出的孩子，我喜欢的学习方式恰好是他们不喜欢的，正因为如此，我在教学中感到效率低下，我讲过多次的内容他们都掌握不好。

4. 对策建议

了解了学生的学习倾向和学习风格之后，再来反思我的教学，一切都豁然开朗了。我觉得有必要在以下几方面进行改进。

（1）加强视觉性的教学，采用更多的视觉刺激传递知识。

视觉学习毕竟是最主要的学习方式，大多数人都是用视觉通道获取最多的信息。因此教学中应该多使用图像、图表、流程图、思维导图、视频短片、动画等直观的形式为学生传递信息，讲解重点时要多用板书，边写边说比单纯地说效果要好。

（2）增加触觉性的教学，让学生通过体验动作完成学习。

针对我们班学生触觉学习型人数较多的特点，今后在教学中要有意识地设计一些活动，让学生通过动作体验来完成学习。例如学习童话时练习排演童话剧，学习有关动物的课文时让学生按照文中的描写将动物画出来，学习科学类文章时让学生亲自动手做一做那些实验。

（3）利用优势，为不同的学生安排不同的学习活动。

将同样的学习内容分为三种不同的学习活动，根据学生擅长的学习风格分配学习任务。让视觉优势的学生自己看书、思考、做练习；让听觉优势的学生结成小组讨论，互相讲授，通过彼此的交流来学习；让触觉优势的学生通过活动完成学习，动手做一些实验、游戏等。三组学生都用自己喜欢并擅长的方式学完之后，再在全班分享各自的学习收获。

（4）训练劣势，帮助学生采用多种通道整合学习。

运用自己擅长的学习方式学习，固然能提高学习效率，但俗话说得好，要“取长补短”，单用一条腿走路是不行的，如果能将自己的劣势提高，用视觉、听觉、触觉三种方式整合学习，那么学习效果更会大大提高。因此在教学中要针对学生的个体情况，有意识地训练他们的劣势技能。

通过一个简单的学习风格测试，能深入地了解学生的认知特点和规律，表面上的教学难题也就迎刃而解。针对班级学生的整体情况，采取更加适合他们的教学方法，设计更有效的教学活动，同时根据学生的个体特点，进行有针对性地训练和指导，发挥优势，弥补短板。这不论从班级整体上还是学生个体上，都实现了因材施教，都有助于教学效率的提高。

第一章

教学设计技能

学习目标

- 了解：教学设计与教学技能的关系
- 掌握：教材分析方法
- 掌握：学情分析方法
- 掌握：教学目标设计的方法和原则
- 掌握：教学活动设计的方法
- 掌握：教学评价涉及的方法

教学设计是教师运用系统方法在对教学系统中的各种要素（教师、学生、教学目标、内容、教学媒体等）进行科学分析的基础上，整合各种课程资源，运用现代学习心理学理论，设计规划学习的程序、学习内容的呈现方式及学习结果的评价标准的过程。

教学技能是教师在课堂上实施教学设计的能力体现，每一个教学技能的心智技能都会在教学设计上体现出来，每一个教学技能的动作技能都会在课堂教学中表现出来，优秀的教学技能是教学设计中的心智技能与课堂教学中的动作技能的完美结合。

教学设计要素	指标 1	指标 2	指标 3	指标 4
课标分析	明确课标对本节课的指导作用。	指出课标在本节课中的具体落实。		
教材分析	说明该内容在整个学科或整册教材中的地位。	分析该内容在单元教材中的前后联系。	分析教材的关键内容及教学重点。	分析对教材的处理及教学设想。
学情分析	分析学生年龄及认知特点。	分析学生的知识结构及已具备的知识。	指出实现目标的困难因素有哪些。	
教学目标	目标定位准确（在学生最近发展区）。	简明扼要。	描述具有可操作性。	可检测性。
教学策略	有针对把握教学重点的具体设想和方法。	有针对突破教学难点的具体设想和方法。	有针对教学内容特点的教学方法。	
教学活动	教学活动的目的明确。	与教学目标相一致。	活动之间有明确的逻辑关系。	

第一节 教学设计要素

一、教材及教材分析

1. 教材定义

教材是课程标准实现的载体，是将课程标准和学生发展联系起来的桥梁。教材是教师教和学生学的主要凭借，是教师进行教学，搞好教书育人工作的具体依据，是学生获得系统知识、发展智力、提高思想品德觉悟的重要工具。

从教材本身来看，教材不仅是课程标准的代言人，更是集中了众多专家、学者的专业智慧和学科水平，它是学科知识的精华、智慧的结晶。教材不是一般的材料、读物，它是根据教育目的和学生身心发展规律和认识特点，专门研制和编写的文本，适合于相应特定阶段的学生学习。

根据认知过程的普遍规律和教学过程中学生的认知特点，学生系统掌握知识一般是从对教材的感知开始的，感知越丰富，观念越清晰，形成概念和理解知识就越容易，同时教材使学生在学习过程中获得的知识更加系统化、规范化，有助于对教材讲解的理解和掌握，且便于学生自习、复习和进行作业。因此，教师应正确理解教材，准确把握教材，创造性地使用教材。

2. 教材分析的内容与方法

（1）教材分析的意义。

首先，教材分析是教师进行教学设计、编写教案、制订教学计划的基础。

教师的日常教学离不开教材。教学中课前准备、课后反思、安排教学进度等各环节都要求教师对教材内容进行具体分析。如，分析教材的知识结构体系、教材的教学目的和要求、教材的特点、教材的重点难点和关键等。在此基础上，教师根据教学目的和教学原则，研究如何优化处理教材，选择恰当的教学方法和教学手段，设计可行的教学方案。

其次，教材分析是教师提高教学能力、进行创造性教学的有效途径。

教师只有在依照课程标准、深入分析教材内容和了解学生的基础上，才能很好地去组织、取舍和调整教材，选择恰当的教学方法，突出重点，克服难点，做

到紧扣教材又不照本宣科，有的放矢地把教材内容用活讲活。这一过程体现了教师作为教材二次开发主体的自我意识觉醒及创造性构思的智慧。

最后，教材分析是教师开展教学研究活动的重要方向。

教材研究是教师为了实施有效教学活动及探索教学内在规律而进行的教材分析、理解和开发方面的研究活动。教师是教育现场的重要参与者，是教学研究不可缺少的主体之一。教材又是教师们极为熟悉的教学材料。因而，教师进行教材研究有得天独厚的优势与便利，教师应该在教材分析、评价等研究中发挥更为积极的作用。

（2）教材分析的内容。

教师对教材的分析是建立在对教育目的与教学目标清晰把握、对学科课程准确理解以及对学生充分了解的基础上进行的。教材分析的内容多、覆盖面广、关联的要素复杂，需要教师有清晰的思路和准确的定位。学者罗毅（2011）曾指出："教材分析是一个从宏观到中观再到微观的连续体。"教师可以从宏观、中观、微观三个层面对教材进行分析，先从宏观的角度整体把握，再从中观层面具体分析，最后从微观层面分析细节。

教材的宏观层面分析主要是从教材编写的教学理念、教学方法、内容体系、编排体系、材料选择以及对学生的使用程度等方面来考虑的。首先，教师需要审视教材的教学理念是否合理，是否与课程标准提出的教学思想相一致。教材的编写总是以一定的教学思想为指导的，不管教材是否明确表明，都能反映出某种教学理论的影子，如行为主义语言观、结构主义语言观、功能主义语言观、交际教学或任务型教学等。其次，分析教材中所采用的教学方法如何。课程标准鼓励学生参与语言实践活动，强调在互动中构建意义。再次，教师还要看教材的内容体系是否包含了课程标准所规定的目标内容，即是否有利于语言技能、语言知识、学习策略、情感态度和文化意识等目标的达成，同时还要观察教材体系是否有利于教学方法的实施并注意教材的编排体系。现代英语教材多采用单元式编排体系，将话题和功能置于其中，这样有利于提高学生的实际表达应用能力。最后，还要看教材的选材是否具有思想性、科学性、生活性、趣味性和系统性，是否体现了文化公平性和民族公平性等。总之，宏观层面分析中的教材内容涉及多个方面，但它基于学生的认知水平，更多地考虑对教学和学生的适用程度，其目的主要是为选择教材和选择教法提供参考。

教材的中观层面分析主要是为教学服务的。它包括对课型的判断、技能目标和情感目标的确认、学习策略的选择以及文化因素的挖掘等。课型的判断是前提，因为技能目标往往隐含在不同的课型之中。会话课与听说技能相联系，阅读课与阅读技能相联系。当然，英语教师应该培养学生的英语综合运用能力，但每节课不可能面面俱到，应该有所侧重。而课型的判断就为这种“侧重”及技能目标的确认提供了参考。情感目标和文化因素属于隐性内容，需要加以分析才能明了，如保护环境、倡导和谐、颂扬美德等。文化是个极其广泛的概念，就小学英语教材而言，主要包括饮食、节日、习俗、思维方式等。文化意识在传统的教学中往往被忽略，英语课程标准将其列为教学目标内容之一，可见其重要程度，教师应该根据不同的课型，对学生实施文化教育。学习策略也与课型有一定的联系，不同的课型往往有固定的教学模式，如阅读课的 pre-reading、while-reading 及 post-reading。但无论是哪种课型，教师都要尽可能地让学生参与、互动，并培养他们自主学习和合作学习的能力。中观层面的教材分析是确定语言技能目标的基础，但需要微观层面分析的支撑，尤其是话题和功能。所以，中观层面和微观层面是一个有机的联系体。

教材的微观层面分析主要涉及教材的语言知识层面的分析，包括语音、词汇、结构、话题和功能项目。教材的微观层面是显性的，历来被教师们所重视。但是，也存在一些问题，如比较重视词汇和结构，相对忽视语音、话题和功能。这样会导致语音练习多以单词对比的形式出现，缺乏在语流中或在具有交际意义的语境中的训练；词汇和结构也多以句子层面练习、解释为主，缺乏语篇层次的综合运用。教材的微观层面分析是十分必要的，因此对语言知识的教学不能松懈。一些教师认为，目前主流的语言教学理论是以培养语言技能为主，因而不敢大胆地进行语言知识教学。其实这是一种误解，现代教学论告诉我们，语言知识不应该孤立地训练，而应该在一定的语境中通过互动教学，使其具有交际意义和施事功能，这样有利于知识在意义协商中建构。也就是说，新课程改变了知识教学的方式，使孤立的、枯燥的知识教学变成有意义、有联系、有创新、有思维、有互动的动态过程。

科学、规范、准确的教材分析是进行合理教学设计的前提，也是有效实施教学的重要组成部分，同时也是英语教师专业发展的基本要求，我们应该高度重视（罗毅，2011）。

（3）教材分析的方法。

教材分析的方法有内容分析法、比较法、定性分析法、观察法、指标评价法等。教材分析活动是一种特殊的认识性活动。教材分析的实质是通过特定的方法和途径对教材的内容、结构体系、使用效果进行分析，并通过一定的方式对分析结果加以综合概括，得出对教材的价值的总体认识。

方法一：内容分析法。

对教材进行分析，首先要对教材的文本进行分析，判断教材在设计和编制方面的理念、规律和特点。也就是教材评价的内容分析法，它是一种发展较成熟的重要方法，使用这种方法能够对教材的内容进行较具体的研究，因此用得比较普遍。

方法二：比较法。

比较（Comparative）一词的意思是，根据一定的标准，把彼此有某些联系的事物放在一起进行考察，寻找其异同，以把握研究对象所特有的质的规定性(裴娣娜，1995)。比较法既是衡量研究对象间异同的思维方法，也是常见的教育研究方法。教材分析既需要不同版本间教材的横向比较分析，又需要同一版本教材在不同发展时期的纵向比较分析。

方法三：定性分析法。

定性分析的目的在于把握事物的质的规定性，因而必须立足于对研究对象的整体分析，获得对研究对象的完整的透视（Holistic perspective)。对教材内容、结构的具体分析最终应上升到整体地、发展地、综合地把握和评估教材的层面，这是一种自下而上的分析方法。

方法四：观察法。

所谓观察法（Observation method)，是指人们有目的地、有计划地通过感官和辅助仪器，对处于自然状态下的客观事物进行系统考察，从而获取经验事实的一种科学研究方法（裴娣娜，1995)。教材分析不应只局限于文本研究，还应关注教材实际的使用情况。观察法从客观的角度直接了解教材使用的实际情况，提供第一手真实资料。

方法五：指标评价法。

在对内容进行分析的基础上，确定一定的评价指标，结合综合评判的手段对教材的各个部分以及教材的整体做出量化的评价，即所谓的指标评价法。这种方法的优点在于能够给教材一个比较简明的总体评定，不足之处在于许多东西难以用明确的指标加以表示，因此可能造成相当大的误差。这种方法仍处于研究探讨阶段，可以作为一种辅助的方法。

二、学生要素及学情分析

1. 学生要素

学生是课堂教学的主体，每个学生都有鲜活的个性特点，学生之间存在各种明显的差异。小学阶段是学生身心快速发展的时期，不同年级的孩子认知特点有很大的不同。虽然学生是课堂教学中的不可控要素，但是，教师可以通过对学生认知结构及个性特点的了解和把握，更有针对性地引导学生成长和发展。

（1）皮亚杰的认知发展阶段理论。

皮亚杰认为，人的认识自降生以后要经历若干不同质的阶段而达到成人的完成阶段。各阶段之间有其独特的逻辑，有一贯性。处于某一阶段的儿童的认识方式是前一阶段派生出来，而又引导后一阶段的认识的。这种阶段顺序是不容颠倒也不能超越的。成人与儿童认知上的差异，不单单是知识量上的差异，更重要的是认知结构上的差异。

皮亚杰将儿童认知的发展分为四个阶段。

年龄段	发展阶段	图式特点
0～2岁	感知运动阶段	主要指语言以前的时期，儿童主要通过感觉动作图式来和外界取得平衡，处理主、客体关系。
2～7岁	前运算思维阶段	表象或形象思维萌芽于此阶段，各种感知运动图式开始内化为表象或形象图式；语言的出现和发展，促使儿童日益频繁地用表象符号来代替外部活动，即表象思维。
7～12岁	具体运算思维阶段	具有初步的逻辑思维，是在前一阶段很多表象图式融合、协调的基础上形成的。出现了具体运算图式，儿童学会了守恒、序列化和区别类别图式。
12～15岁	形式运算阶段	儿童不仅能对具体的物质现实进行推理，也能对假设的和抽象的可能性进行推理。能系统地寻求问题的解答方法，把心理运算组织到较高层次的运算中，能全面思考自己的问题。

由于环境和个体的差异，在小学，处在前运算思维阶段、具体运算思维阶段和形式运算阶段的儿童都有。处在不同发展阶段的儿童认知图式有较大的差别，这些差别通常会表现在具体学习过程中和学业成绩上。教师要充分了解和客观对待不同发展阶段儿童认知上的差别，不能急于求成，要有耐心，选择适合的教学

方法促进儿童认知发展。

（2）多元智能理论。

多元智能理论是由美国哈佛大学教育研究院的心理发展学家霍华德·加德纳（Howard Gardner）在1983年提出的。加德纳认为，智力是一个功能性的概念，它在生活中以各种方式起作用。他把人类所拥有的各种能力分为8类，形成了一个完整的"智力圆"，不同的人会有不同的智能组合，如下图所示。

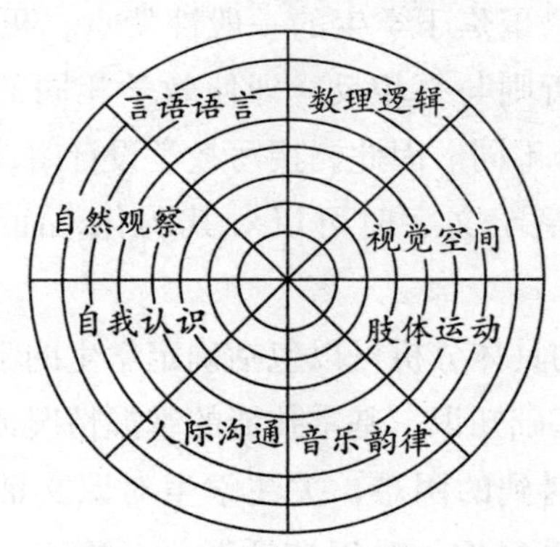

传统上，学校一直只强调学生在数学和语文（主要是读和写）两方面的发展。但这并不是人类智能的全部。加德纳认为，每个人在这八方面的智能表现各不相同，都有自己擅长和不足的方面。每个人都是聪明的，但聪明的范畴和性质呈现出差异。学生的差异性不是教育上的负担，而是一种宝贵的资源。教师要用赏识和发现的目光去看待学生，从多方面去了解学生的特长，并相应地采取适合其特点的有效方法，使其特长得到充分的发挥。

2. 小学英语学情分析

邵燕楠、黄燕宁将"学情"作了两种解读：一是学生学习情况，二是学生情况。前者实际上是指与学生学习效果相关的诸因素，如知识基础、认知水平、需求水平等；而后者是指与学生成长和发展相关的诸因素，包括生理、心理、社会等多个维度。很显然，与学生成长和发展相关的因素包含着与学生学习相关的因素，学生情况是上位概念，学生学习情况是下位概念。与学生英语学习效果相关的直接因素，无疑是学生当前语言水平（程度）、需求水平（程度）、学习状态。

（1）学情分析的基本原则。

第一，明晰学情分析内容，加强具体学情的分析。

学情分析可以分成一般性分析和具体分析。一般性分析包括分析学生的年龄特点、认知特点、学习兴趣、学习态度、学习习惯、学习风格等。具体分析是指针对课堂具体内容，对学生的学习起点、学生学习该内容的优势、容易出现的问题等方面进行分析（王宝珊、夏秋荣，2010）。

教学设计中要充分考虑学生的一般性特点，针对不同学段的学生设计不同的活动。学情的一般性特点在一个阶段内相对比较稳定，如学生的年龄特点、认知特点、学习习惯等在一个较长的时间内不会有太大改变。因此，日常教学设计中的学情分析如果只聚焦于学生的一般性特点，可能会造成每节课的学情分析千篇一律。具体分析则与之相反，即使教学相同的内容，不同学校、不同班级的具体学情可能完全不同。因此，撰写教学设计时，教师对学情的一般性特点要了然于胸，但是落笔于文字时可以对其弱化，而学情的具体分析则需要加强。

小学英语课堂学情的具体分析可以包括确定学生的学习起点，如学生对与本课核心内容直接相关的基础知识、基本技能的掌握情况或基本能力水平，判断学生在学习新知识时可能遇到的困难，关注学生对课文话题的认知、经验、兴趣点，如学生对话题是否感兴趣，对于该话题学生愿意讨论哪些内容等（刘剑，2012）。

例如，北京版小学英语教材四年级下册第 17 课 Dragon Boat Festival 涉及端午节的历史、日期及人们在此节日的活动等。有位教师在学情分析中提到“学生能够用序数词熟练地表达日期，口头能够比较熟练地运用做某事的句型，如：We go to the cinema，parks and museums。节日文化背景方面，涉及农历，因农历与公历不同，可能会成为学生理解的难点；另外，北方关于端午节的大型庆祝活动很少，估计学生不太熟悉该节日的庆祝活动”。该教师的学情分析非常具体，关注了学生之前学过的日期表达和对动词短语的掌握情况（学生的学习起点），以及学生对于端午节习俗的了解情况（学生对课文话题的认知、经验）等，这为教师在活动设计中引入赛龙舟视频、利用日历表达端午节日期等做好了铺垫，也为突破端午节日期表达这一教学难点奠定了基础。

第二，灵活调整学情分析方式，经验判断和实证分析相结合。

经验判断主要是教师基于以往的教学经验对学情进行判断，实证分析是通过观察、实验或调查等方法获取客观资料对学情进行判断、分析。教师的经验往往是从以往的教学实践中获得的，所以经验判断实际上也是通过实证获得的。当然，经验判断有其局限之处，过去的学生和现在的学生不同，不同班级的学生情况也不同，而实证的方法则可以更准确地了解学生情况。因此，学情分析的经验判断和实证分析这两种方式都很重要，相辅相成（刘剑，2012）。

在实际工作中，老教师基于经验往往能够比较准确地把握学生学习的难点，并在教学设计中有效突破，从而使得课堂更加高效。新教师可以向老教师请教，如询问学生可能的学习难点等。间接经验的获得有助于新教师较快地了解学情。在经验判断的基础上，教师可以再通过实证的方式对经验进行甄别，以求更准确地判断学情。

（2）学情分析的具体方法。

调研结果显示，教师在日常教学工作中进行学情分析时遇到的最大困难是工作量大、学情分析的时间不够，因此，探索省时、高效的学情分析的具体方法至关重要。笔者归纳了以下方法。

方法一：学情分析的内容不求面面俱到。

日常工作中学情分析的内容不求面面俱到，教师可以根据具体教学内容有针对性地进行分析。例如，在一节关于母亲节话题的课堂中，有位授课教师设计了介绍妈妈的活动（见图 1），让学生介绍自己妈妈的年龄、生日、最喜欢的食物和最喜欢的颜色。

Do you know your mother?

（填写妈妈的一些相关信息）

Age（年龄）：________

Birthday（生日）：________

Favorite food（食物）：________

Favorite color（颜色）：________

图 1

该教师课前在全班做了调研，发现只有极少数的学生知道自己妈妈的年龄、生日等，于是让学生回家询问自己妈妈的情况，从而使课堂活动得以顺利开展，效果很好，并且教师通过这个活动巧妙地向学生渗透了“关心家人”的情感教育。

又如，有一篇课文的功能句是：Let’s sing and dance. 已学的动词短语是学习新知识的基础。有位教师课前让学生读一读已学的动词短语，并说一说短语的中文意思，以了解学生的学习起点。通过调查，该教师了解到学生对已学的动词短语掌握得不太好。于是在新课的热身环节通过图片对这些动词短语进行了复习和巩固，从而为新课的顺利开展奠定了良好的基础。

在以上两个案例中，教师对学情并未做全面分析，而是根据具体的教学内容，从重要的分析维度切入，使学情分析到位、有效，提高了课堂教学的效率。

方法二：拓宽学情分析方法，多维方式掌握学情。

调研结果显示，多数教师在日常教学工作中能够从经验和实证的维度了解学情，但是实证分析方法集中于课堂观察和测试成绩，比较单一。教师应拓宽学情分析的方法，如聊一聊、测一测、读一读、看一看等。

① 聊一聊。聊一聊是指通过与学生交流了解学情。例如，某篇课文的话题是宠物（pet），某授课教师在拓展环节设计了介绍自己的宠物的活动，并用课件向学生呈现（见图 2）。

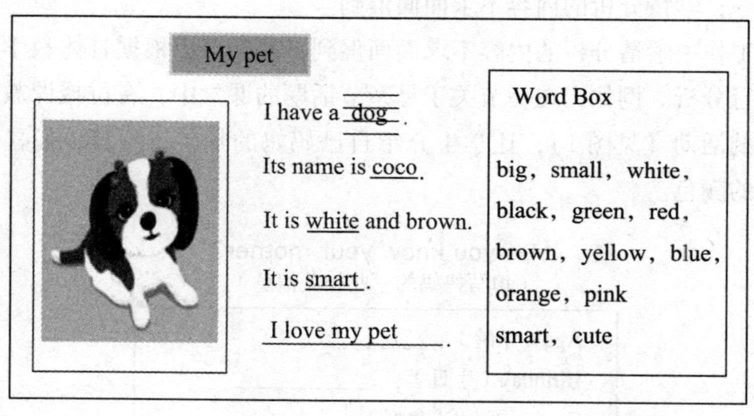

图 2

该教师本以为学生会积极参与这个活动，但在实际课堂教学中，学生的反应不是很积极。课后，教师找了几位学生聊了聊，了解到班里仅有少数几名学生养有宠物，所以在活动中大家不爱发言，因为这是“编织谎言”的行为。授课教师还了解到几乎所有学生都渴望自己能有只宠物，于是将这个活动由“I have a pet.”调整为“I want a pet.”。在另一个班授课时，学生参与调整后的活动时积极性高涨，活动效果很好。

② 测一测。测一测是指通过简单的小测试了解学情。测试的方式多种多样，可以让学生说一说、写一写、做一做等。例如，教师准备一张图片，让学生用 There be 句型描述图片，以了解学生对 There be 句型和方位介词短语等重要知识

的掌握情况。又如，新授课的话题是指路，学生之前已经学习过单词 left 和 right，教师可以通过让学生做动作来判断学生对已学单词的掌握情况。比如，教师发出“Put your left hand up.”“Turn to the left and then to the right.”等指令，学生按照指令做动作。

③ 读一读。读一读是指通过阅读书面材料了解学情，书面材料包括学生的档案、笔记本、练习本、作业和试卷等。例如，学生学习完现在进行时后要完成写出动词的 -ing 形式的作业。批改作业的过程中，某授课教师发现作业错误率较高，并且集中在 make、come 和 write 三个单词上，这说明学生对“以不发音字母 e 结尾的动词去掉 e 后再加上 -ing”的基本规律掌握得不好。于是，该教师在后续的课堂中通过使用 make/making、come/coming、write/writing 等动词的卡片，让学生观察并总结规律，同时通过板书对规律进行强化，帮助学生掌握单词的拼写规律。

④ 看一看。看一看主要是通过课堂观察了解学情。在实际教学中，有时教师尽管做了充分的预设，但学生的表现可能出乎意料。例如，本以为学生很容易就能读出的单词、很容易就能学会的句型在课堂中却是学生学习的难点。此时，教师要对学情给予特别的关注，可以适当调整预设的课堂节奏，让其更适合学生的学习实际。同时，教师课后要对此进行反思——为什么此处是学生的学习难点，并在以后的教学实践中预先设计应对措施。

在以上方法中，聊一聊的方式简单方便，易于操作；测一测的方式可以帮助教师比较准确地了解学情；读一读、看一看属于教师的常规工作，不会额外增加教师的工作时间。总之，教师在工作中可以根据具体教学情景选择适宜的学情分析方法。

方法三：按照单元进行学情分析。

如果每节课都进行学情分析，尤其是实证分析，那么教师的时间、精力都很难保证，教学负担也会较重。目前小学英语教材大多是以话题组织教学单元，因此教师可以按照单元进行学情分析。例如，北京版小学英语教材四年级上册第 5 单元的话题是购物，让学生在购物的情景中学习如何表达购物意愿和询问物品的种类、颜色、价格等。单元教学前，教师设计了检测题（见图 3），对学生有关颜色、数字等方面的知识进行检测，并了解学生愿意购买的物品，即了解学生的兴趣点，然后教师根据调研结果整体设计单元教学。

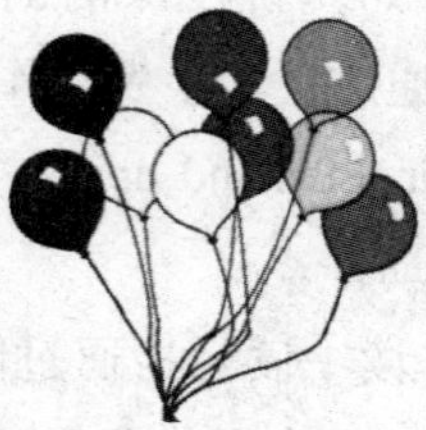

1.Can you say and write the colors of the balloons in English?
（检测学生对颜色类词汇的掌握程度）

2.Can you say the numbers ten，eighteen，twenty-two，thirty，fifteen，eighty-three?（检测学生对数字的掌握程度）

3.你最想给自己买什么东西呢？为什么？（了解学生购物的需求及原因；尽可能用英语回答，实在不能的话，用中文也可以）

I want to buy ______，because ______.

图 3

方法四：采取抽样调查的方法。

教师可以通过聊一聊、测一测、读一读、看一看等实证的方法了解学情。如果时间允许，教师可以了解全班学生的情况；而在时间紧张的情况下可以采取抽样调查的方法，这样教师能够用较短的时间了解学情，从而减轻工作负担。例如，了解学生的学习起点时可以分别选几名学习成绩较好、中等、较差的学生进行调研；了解学生对课文话题的相关经验、兴趣点等情况时，可以进行随机抽样调查。比如，单元话题是有关生日的内容时，教师课前可以随意找几位学生，了解他们过生日的方式。抽样调查有助于教师在忙碌的日常工作中较快地了解学情。

方法五：充分利用零碎时间了解学情。

教师日常工作中可能不太容易找到大段的时间开展学情分析，但是可以充分利用零碎的时间了解学情。例如，可以在课间休息的时候找几位学生聊一聊；利用课堂最后一分钟对学生的学习起点做个摸底调查；通过让全班学生举手开展调研等。总之，教师可以根据具体情况，充分利用零碎的时间来了解学情。

三、教学目标设计

1. 什么是教学目标

教学目标是指教学活动的主体在具体教学活动中所要达到的预期结果、标准。教学目标是对某一教学活动的结果所表现的具体状态、水平、程度的设定，整个课堂教学行为的目标，因此是教学设计的关键。它涉及教学活动的导向、教

学内容的取舍、教学方法的运用以及教学效果的评价等因素。

2. 怎样进行教学目标分析

教学目标的制定是建立在分析教材内容和学生特点的基础上，依据教材本身对语言知识掌握程度的定位，依据学生的年龄特点和认知水平。设计教学目标要符合课程标准的要求，突出英语学科特点，包括语言知识、能力和情感态度等目标；要与学生的心理特征和认知水平相适应，关注学生的差异；要与教师自身联系，与相关的教学因素联系。教学目标的制定强调"学生学到了什么""学生能学会什么""使用所学知识能做什么事"，具体表述要做到以学生为主体。

3. 小学英语教学目标设计的原则

（1）整体性原则。

基础教育英语课程的总体目标是培养学生的综合语言运用能力。综合语言运用能力的形成建立在学生语言技能、语言知识、情感态度、学习策略和文化意识等素养整体发展的基础上。（《英语课程标准》，2011）这对广大教师提出了更高的要求和挑战，不仅要求教师深刻理解课程性质和课程理念，更需要教师在教学中综合考虑语言技能、语言知识、情感态度、学习策略和文化意识五个方面的课程目标，将课程目标与具体教学实际结合起来，并逐步转变为自觉的课堂教学行为。在教学中全面落实各项目标，使学生得到全面发展。

（2）适度性原则。

根据条件的许可确立适度的目标，即这个目标不能过高或过低，目标过高学生达不到，目标过低造成教学时间浪费，并有可能打击学生的学习积极性。在教学中，教师在发现目标不够准确时，可以及时做出调整。

（3）层次性原则。

认知的目标具有一定层次性，教师应根据课型与教学的进度，逐步推进目标的达成。不同的学生，对目标的达成度可以是不同的，教师对学生的目标达成要做到心中有数，这有利于因材施教，有利于学生个性的发展。

4. 小学英语教学目标的表述

（1）从学生的角度进行描述，主体要明确。

教学目标陈述的是学生学习中的变化结果，而不是教师的行为。我们在设置教学目标时，尽量少用"指导""培养"等词来陈述。这些词语都表示教师的行为，而不是学生学习的行为。陈述教师行为和学生行为是不同的，前者是检查教师做和没做，后者是检查学生会不会做，能不能做。用“指导”“培养”等词语陈述教学目标的话，即便教师做了，学生方面“会不会”“能不能”还是一个未知数。

近年来，随着教学研究的深入，教学目标描述的主体逐渐转为学生，因为只有学生行为发生了与教学目标的规定相应的变化，才能算是真正完成了教学任务。

(2) 从可检测的角度去表述，操作性要强。

教学目标的表述应是明确指出课堂教学中学生具体的学习结果，它具有可操作、可观察和可测量的特点。尽量不使用或少使用“理解”“领会”这一类含混不清的词语，最好是直截了当点明学会什么语句、什么词汇。这样的表述目标可操作性强。

总之，教学目标的制定要以学生为主体，从可操作、可检测的角度来表述，少用“掌握”“体验”等模糊词语。即使必须使用时，也要尽量与可操作的词语结合起来。

(3) 从教学事件的角度去表述，三维目标要整合。

教学是由一系列教学事件组成的连续过程，每一个教学事件都引导学生经历特定的心理过程。在教学事件中，学生经历的心理过程包括认知过程、情感过程和元认知过程三个方面，正是这三个方面的协同作用，将知识和技能、过程与方法、情感态度与价值观的三维目标有机地整合起来。教学事件是特定教学方法和教学策略的具体表现形式，高效能的教学取决于教学事件整合三维目标的水平。

四、教学活动设计

1. 什么是教学活动

教学活动就是教师基于对教育教学规律和新课程教学理念的认知，总结教学实践经验，分析各种不同的教学要素及相互关系，运用直觉创造，确立教学的基本思路，并根据未来教学中可能发生的不同情况，从宏观的角度确定阶段性教学方案，有针对性地选择和组合相关的教学内容，确定组织形式，合理选择、组合设计教学的具体方法与实施步骤，使个人对教学的独到见解及相关才艺在教学方案中得到体现，教学从而具有前瞻性、创造性、灵活性、艺术性和

可塑性。

2. 教学活动的要素

（1）活动目的。

也就是我们为什么要设计这个教学活动。在设计活动之前，我们先要明确活动的目的是学习语言知识还是训练语言技能。

（2）活动内容。

是关于词汇的？语法的？还是训练某种语言技能？每一个活动都要涉及语言知识和技能，特别是技能。因为教学活动主要是培养学生技能的，在听、说、读、写四项技能中，是培养哪一种技能？还是哪几种技能？

（3）活动的难度。

我们在备课时，或者在设计教学活动时，往往会说这个活动适合哪个年级，或者适合哪个程度的学生。这就是活动的难易度问题。

（4）活动的材料。

是学生和老师为了完成这个教学活动要用到的材料。包括纸质材料和图片、音频、视频材料等。

（5）活动的步骤。

活动的步骤，即活动的程序。一个活动，需要哪几个环节或者哪几个步骤，先做什么、后做什么都要考虑到。

（6）活动的参与。

用我们过去的话讲，就是谁做什么；和谁做，或者谁和谁做什么；是学生和学生活动，还是学生与老师活动；是两个人之间还是多个人之间，这个参与者非常重要。

（7）活动的形式。

就是活动变化的多样形式，也就是说，活动设计者有一种思路，但是活动在实际实施过程中会有一些调整和变化，特别是我们上课之前，老师备课的时候只能想好了可能这样，可能那样，但实际做的时候，还是有变化的，可能很多老师都有体会，或者我们不叫变化，叫活动的灵活性，就是根据课堂的实际发生来灵活处理。从课程标准来谈教材，它分两类：一种是文本的，也就是课本，按照课程大纲编的；一种是师本的，就是教师根据学生现状，自己对教材重新调整而生成的。还有一种是课堂上师生互动以后碰撞出来的火花，这就是当堂课的最鲜活的教材。这三种是老师们都要考虑的，要预测到可能会碰撞出什么火花，做到心里有底。很多老师不注意临时碰撞出的火花，这是一个失误。

（8）活动的评价。

第八个要素，是活动的评价方式和评价手段。就是这个活动完成以后，你用什么方式来评价学生活动的开展情况。它是不是完整，完成效果怎么样，另外学习效果怎么样，需要有一个明确的具体的评价方式。

当然，八个要素不一定都能呈现。这八个要素是教师在活动中要考虑的，但是呈现在一个教材上，或者呈现在一个教师的课件上的时候，这八个要素并不一定都要体现出来。

五、教学评价设计

教师授课后，要对本节课或本单元的教学情况和效果进行思考和评价。教学评价按评价功能分类，可分为形成性评价和总结性评价。为了更好地激励学生的学习兴趣和积极性，小学英语教学评价以形成性评价为主。

教学评价内容是对学生学习效果以及教师教学效果进行评价。学生学习效果评价，具体包括学生是否学到了所要学的内容，学生在知识、技能、情感等方面是否得到了发展，学生参与教学活动的态度、广度、深度等内容。教师教学效果评价包括教学目标是否达成、教学方法的选择是否有效、课堂操作效果如何等内容。

对本节课的评价分析、评价方式尽可能做到目的性和可操作性强，灵活多样，能够融入教学过程，能获得有关证据具有实效。如：用什么方法检测学生活动效果？观察、测验、展示、成果、报告等。用什么方式检测效果？他评，教师评、学生评；互评，生生之间、师生之间。

教学设计中的评价设计除了要依据教学目标，通过多种不同的方法（如提问、测验、问卷、观察、谈话等）查明事实，并做出价值判断外，还特别重视评价信息的反馈，并以此来调整、修改原来的教学设计或对学习未达到的预期目标的学生给予帮助，总结教学设计的成败之处，为今后的教学提高提供依据。

反思可以使我们的教学指导思想更加明确，教学策略和教学视野得到进一步的拓展，从而增强教学的信息，进一步提高教学水平，使教学取得良好的效果。

六、小学英语教学设计参考模板

教学设计的呈现方式主要有流程图式和表格式两种。在本节中重点对表格式呈现方式做详细说明。表格式是一种比较常见的教学设计呈现方式。通常使用文字说明，将教学设计各要素如教材分析、学情分析、教学重难点、教学步骤及活动安排等在表格中详细列出。表格式呈现方式对于教学设计的内容陈述比较详细、具体。下面给大家呈现的就是小学英语表格式教学设计模板及使用说明。

小学英语教学设计模板

<table>
<tr><th colspan="5">教学基本信息</th></tr>
<tr><td>课题</td><td colspan="4"></td></tr>
<tr><td colspan="2">是否属于
地方课程或校本课程</td><td colspan="3"></td></tr>
<tr><td>学科</td><td></td><td>学段：</td><td>年级</td><td></td></tr>
<tr><td>相关
领域</td><td colspan="4"></td></tr>
<tr><td>教材</td><td colspan="4">书名：　　出版社：　　出版日期：　　年　　月</td></tr>
</table>

教学设计参与人员			
	姓名	单位	联系方式
设计者			
实施者			
指导者			
课件制作者			
其他参与者			

指导思想与理论依据
教学背景分析

教学目标（内容框架）

问题框架（可选项）

教学流程示意（可选项）

教学过程（文字描述）

教学过程（表格描述）

教学阶段	教师活动	学生活动	设置意图	技术应用	时间安排

学习效果评价设计
本教学设计与以往或其他教学设计相比的特点（300 ~ 500 字）

【说明】

教学过程既可以采用表格式描述，也可以采用叙事的方式。如果教学设计已经过实施，则应尽量采用写实的方式将教学过程的真实情境以及某些值得注意和思考的现象和事件描述清楚；如果教学设计尚未经过实施，则应着重将教学中的关键环节以及教学过程中可能出现的问题及处理办法描述清楚。表格中所列项目与格式仅供参考，应根据实际教学情况进行调整。

第二节　案例分析

一、教材分析案例及解析

【案例呈现】①

购物话题学生在三年级上、下册接触和学习过。三年级上册第 2 单元是以学习 20 以内的数字和询问价格的功能句“How much is/are …?”为主，三年级下册第 10 单元主要学习购物用语“I want …”和“Do you have …”两个功能句式；四年级本单元在此内容基础上进行拓展，增加了询问尺寸大小“These pants are too big. What size do you want?（small，large，medium）和价格高低“This cap is cheap. It's only MYM5. These clothes are too expensive.”等表达方式，使得该话题语言和内容更加丰富，体现了循序渐进的原则，对学生复习、巩固和提高都十分有利。

Story 是第一课时，讲述的是 Ann、Ken 和妈妈去商店购物。在妈妈的提示下三人一同走进了一个服装价格较为适中的商店。在男售货员的帮助下 Ann 挑选了一双喜欢的鞋，Ken 不仅给自己买了一条尺寸合适的短裤，还为 Mocky 选了顶帽子。Mocky 收到礼物非常高兴，可惜的是帽子有点大。从内容上看，故事呈现出的购物过程自然简单，同时通过妈妈的提示“The store is too expensive.”以及 Ken 为 Mocky 选礼物的小插曲蕴含了生活要勤俭，对朋友要挂念的观点。从语言上看，主要是在已学过的“How much is/are … I want … Do you have …?”的基

① 案例来源：北师大版先锋英语四年级上册《Unit3 It's too expensive》单元分析。

础上丰富与购物相关的语句，如：询问尺寸大小“These pants are too big. What size do you want？（small，large，medium）”和价格高低“This cap is cheap. It’s only MYM5. These clothes are too expensive.”以及询问及回答是否有某些商品“Do you have any …？No，we don’t. But we have some …”等表达方式。

从知识点上看，“What size do you want？Small/Large/Medium.”因与“What color do you like？”结构一样，学生易于理解和表达。在“This store is too expensive. These trousers are too big.”和“They’re only 25 yuan.”中，too（太，过于）和 only（仅）的用法要引起注意。这两个副词的用法是第一次出现，在此情景中的运用不仅使语言表达确切，也更为生动地体现人物对要购买物品的喜好程度及情感。类似的句子还有“I like it a lot.”但在第二单元 I like Bobby 中接触过“I like them a lot.”因此也相对容易理解。故事中出现的“Do you have any …？No，we don’t. But we have some …”可以说是本单元的一个非常重要的表达方式，是本单元重点学习内容之一。句中 some 和 any 的用法，不必过多解释，帮助学生在语境中理解会用即可。比如，知道 some 用于肯定句，可译为“一些”，而 any 用于疑问句和否定句。

Words to Learn 版块从呈现的形式上分为服装类和与购物相关的表示尺寸大小、价格高低、具体价格的词汇。在服装类单词中，sweater、socks、shoes 学生在一年级下册第十一单元学过，其他为新词汇。在一、二年级学生还学习了 20 以内的数词。clothes、size、large、medium、cheap、expensive 以及 30 ~ 60 中整十的表达都是新内容。基于日常生活中物品价格的真实表达，在学习数词时教师可以有所扩展，联系已学过的 1 ~ 19 学习 twenty-one 到 ninety-nine 这些具体数字。因此本单元围绕购物话题出现的单词种类多、数量多，教师要考虑到学生的水平和接受能力的差异，教师要随时观察学生，做到循序渐进，给以不同层面的要求。

Talk together 表现了一个男孩在商店购买一双袜子的对话。对话汇集了本单元关于购物的一些最常用的表达方式。其中“Can I help you？”是购物时售货员提供服务时的常用语。对话中出现的“Size 20，please.”与故事中第七幅图“What size do you want？Em …Medium.”的答语是不同的。教师要关注这一点，并引导学生认识到要表明一件物品尺寸大小时有多种方式，而且用哪种方式表达也有一些约定俗成的习惯，要在生活中多观察、多积累。另外，在真实购物时，恰当地使用“How much are they/is it？”也是一个难点，教学时要提供适当练习

让学生多运用。

Their New Clothes 为第三课时，是一项阅读活动，内容上以描述图片中的人物的衣着为主。阅读材料图文结合，增加了趣味性，降低了难度。此部分学生能理解短文内容，能够分辨出不同人物的着装，完成练习。短文中 wear 一词学生能在语境中理解即可。

Sounds and letters 是语音学习部分，重点内容是字母组合 wh 在单词中的读音，并总结了学习过的以 wh 开头的单词，“wh”读音为/w/的部分疑问词的读音。同时在 Listen for sounds 的辨音活动中提示教师要帮助学生区分/w/与/v/，着重体会/w/与/v/发音的不同。除了出现的例词 vet、vedio 外，学生还学习过 violin、vest、van 等单词。

Touch、Ask and Answer 是一个较为综合的、重在运用购物用语的语言实践活动材料。图片真实展现了生活中商店服装柜台的一角。图片中呈现的服装包括所学服装类的大部分词汇，价格标签醒目且有两种表达，特别是 Socks ￥3. 50 的表达方式是本单元首次出现，在此可以说“Three point five yuan.”也可以说“Three yuan fifty fen.”而同一种类服装有着不同颜色、不同尺寸，这也为学生根据自己喜好，自愿选择提供了话语灵活表达运用的空间。图片下面还提供了示范对话，这个对话可以作为活动中的主要语言材料。

Uncle Booky’s Blackboard 版块呈现了本单元的主要句型、结构，左侧是一般疑问句及其肯定、否定回答。教师要帮助学生掌握“Do you have any …?”的两种回答方式“Yes，we do.”与“Yes，we have some. No，we don’t.”与“No，we don’t have any.”要适当注意 some 和 any 的使用。

Read、Trace and Write 是一个仿写活动。插图一表现的是 Ann 到商店购物询问“Do you have trousers?”售货员给出肯定答语“Yes，we do.”的简短问答。文字泡中呈现的虚线字体起提示和示范作用，要求学生能描写。插图二替换为 Bobby Bear 在询问“Do you have any jackets?”图片中售货员遗憾的表情和柜台中陈列的衣物都表现出要写出否定答语。插图三同样只给出了问句，学生要观察图片写出肯定答语。第四幅 Mocky 购买 T-shirt 的图片具有一定开放性，所写内容不唯一。“How much is it/the T-shirt? It’s two yuan. The T-shirt is two yuan. It’s ￥2.”只要基本符合图片内容，逻辑对就可以。

Uncle Booky’s Storytime 讲述的是这样一个故事，女孩要参加聚会，但发现裙子破了个洞，不得已和妈妈一起去买新衣服，却没有合适的。回家后，妈妈在损坏处补上了一朵漂亮的花。女孩穿着妈妈巧妙修补的裙子参加聚会，得到伙伴们的赞许。故事部分情境与主课文相似，利于学生巩固单元主要内容。其中第一幅图中妈妈所说的"Oh，no. You need a new dress."中的"need"，是新单词，教师要借助情境让学生理解句义。

【案例分析】

语言的学习，应该把握语言的整体性，学习者要对语言有一个全面的感知，因为语义只有在语境中才能充分表现其意义。教师要对教程的整体目标、单元目标深刻理解，需要深入钻研教材，厘清教材的编写思路，仔细分析构成单元的各个版块，分析各个版块的目的，使得各个版块之间以单元教学目标为中心，无缝对接，自然融合，形成单元知识框架。在此基础上，教师再围绕单元话题，综合运用，促进口语与写作能力的提升，提高学生的文化意识与情感态度，突出单元整体教学亮点，彰显英语学科教学特色。

二、学情分析案例及解析

【案例呈现】

本班学生是我校中科院实验班四年级（1）班的24名学生。经过三年多的英语学习，具备了一定的词汇基础和语言会话的能力。

通过学期初的问卷调查，我了解到大部分学生在阅读过程中能够集中注意力，但还没有形成英语阅读认知习惯，他们比较喜欢把英文翻译成中文来理解，遇到生词时喜欢运用查字典等方法来解决。在认知策略方面，85%的学生认为自己能够运用借助图表、插图等非语言信息理解文章的内容，但对于运用下画线、圆圈等符号标记重要信息的策略却很少有人使用。因此，我认为本班学生还不能做到自主运用恰当的学习策略学习，在这一方面学生们还有很大的提升空间。因此，了解更多相关学习策略是本节课学生知识技能方面的训练点。

【案例分析】

在以上的实例中，教师通过对学生的理性分析，找出学生目前的学习水平与期望达到的学习水平之间的差距，了解学生的学习需要和动机，从中发现问题，并探寻解决问题的合理途径。客观而有针对性的分析可以使教学设计有的放矢。

三、教学目标案例及解析

【案例呈现】

小学英语教学目标的制定与表述

教学目标	①能够区别单音节形容词比较级和最高级的构成方式和变化规律； ②能够尝试在情境中运用形容词的比较级和最高级描述自己和他人的身高、体重、外貌等特征； ③能够运用“How tall are you? I am …cm tall. How much do you weigh? I weigh …kg.”等句型了解他人身高、体重等方面信息，通过比较完成“小组之最”评选。

【案例分析】

（1）教学目标重点突出。

教学目标精确简练，少而精，且更具有可操作性。突出本节课学习重点，并且强调在情境中综合运用，这样的目标制定使主题重点更为突出。

（2）教学目标更具可检测性。

能够运用“How tall are you? I am …cm tall. How much do you weigh? I weigh …kg.”等句型了解他人身高、体重等方面的信息，通过比较完成“小组之最”评选。这样，教学目标的设定更加明确，具体、可操作、可检测。在具体的行为动词的指引下，教师可以更有针对性地指导和监控学生的语言学习过程，以及检测学生的学习效果。

（3）教学目标依据教材和学生的实际情况来确定。

能够运用“How tall are you? I am …cm tall.”“How much do you weigh? I weigh …kg.”等句型了解他人身高、体重等方面的信息，通过比较完成“小组之最”评选。将最后的语言拓展活动以课后作业形式留给学生，将英语合作学习的机会延伸到课后。这样的目标制定符合学生的实际情况，学生的综合语言运用能力得到重视和发展。

四、教学活动设计案例及解析

【案例呈现】

听一听、指一指①

适用年级：一年级

适用环节：语言练习与运用

活动描述：

（1）将四张不同水果的卡片分上下左右贴在黑板上。

（2）教师说指令，学生听指令指认相应的卡片。

T：Point to the apple. Point to the banana.

也可让学生到黑板前，听教师指令，触摸相应的卡片。

T：Touch the apple.

【案例分析】

本活动简便易行，可适用于大多数教学环境。教师可以自己制作也可以利用简笔画。活动中学生没有语言输出压力，但这是学生理解、内化语言的重要环节，并且在活动中学生往往会跟着教师一起说指令。

五、教学设计优质案例及解析

Unit 11　Cooking with Mocky（Story）案例与分析

【案例呈现】②

本课时的教学内容为北师大版小学英语五年级下册第十一单元的第一课时，是一节故事教学课。本节课的故事是关于制作蛋糕这一话题，故事内容贴近学生的生活实际，而如何“做蛋糕”又是学生十分感兴趣的。凭借这些有利因素，教师为学生创设真实的情境和语境，调动学生多种感官参与，在参与实践和合作学习中构建知识。

本课故事的趣味点在于“Mocky 为了做个大蛋糕改变了配方”，故事内容有

---

① 选自《新版课程标准解析与教学指导》P56.

② 案例撰写：北京市北京小学陈立；案例分析：北京教育学院宣武分院刘新杰。

别于教材其他故事的地方就是突出了“做蛋糕”的步骤，内容较抽象，整体情节发展的丰富性稍显不足。结合本课的教学内容和高年级学生对不同学习方式方法的需求，本节课的设计思路遵循“基于故事的英语教学”的要求，尝试将基于故事的英语教学和故事阅读教学有机融合，希望在故事教学过程中培养学生获取信息的能力，以及初步的阅读技巧，力求通过故事教学促进学生语言能力的提升，让学生享受故事学习带来的乐趣。

（一）教学背景分析

（1）教材分析。

本课教学内容为北师大版小学英语五年级下册第十一单元 Cooking with Mocky 第一课时，是一节故事教学课，谈论的是制作蛋糕这一容易激起学生学习兴趣的话题。故事情节简单：Ann、Ken 和 Mocky 在父亲节那天为爸爸制作蛋糕，调皮的 Mocky 想做一个更大的蛋糕，改变了菜谱上要求的原料用量，制造了一个悬念，引发出一些与制作蛋糕原料相关的 5 个名词：flour、sugar、butter、liter、recipe；四个动词：put、add、mix、break，以及相关祈使句。故事由连环画对话和语篇叙述两部分组成。语篇部分是对于故事的一个概括性的叙述，以过去时的时态呈现。本课教学重点是理解故事大意，教学难点是帮助学生在整体理解故事的基础上，提高获取所需信息的能力，以及有效地提炼教材提供的资源，结合原有知识经验初步运用所学语言进行表达交流的能力。

（2）学情分析。

本课时授课的对象为我校五年级学生，他们通过将近五年的系统英语学习，已经具备了一定的口语表达能力、阅读能力。一部分学生初步具备了在阅读中输入、内化语言，进行重组、输出，简单复述故事的能力。课堂中的一个游戏、一支歌曲已经不能满足学生的需要，他们追求的是自我语言能力的实现与认可，是与教师、同伴在课堂中平等、自然交流状态的实现。不容忽视的是，还有一少部分学生，尤其是在英语学习方面处于弱势的学生开始出现了对语言表达感到吃力的现象，有的学生产生了畏难情绪。因此，使全体学生能体验学习语言和自然交流表达的快乐，促进语言能力的提升是本节课中要解决的问题。

（3）对以往教学情况的分析与对策研究。

“学生的发展”是英语课程的出发点和归宿。在进行教学设计的过程中，考虑到所执教学生的现状——已经进入五年级下半学期的学习，通过对教材将近五年细致地学习，熟悉各个版块的学习要求和学习方法，他们习惯于借助故事学习语言这一方式，通过观察、记忆、推测、想象等多种策略自主构建知识，并积累了一定的语言知识形成了初步的学习策略，但是学生的语言在不断积累，对学习方式方法的需求在不断增加。因此，考虑到学生的学习需求，教师希望在原有的教学经验基础上有新的实践，在本节故事教学中尝试在通过师生问答、逐图讲授的方法学习故事的基础上，将故事教学与阅读教学有机结合，在此过程中初步渗透阅读方法并作相应引导，以适应、满足高年级学生学习风格的需要。

【分析】学生是学习的主体，只有找出学生目前的学习水平与期望达到的学习水平之间的差距，从中发现问题，才能有针对性地制订教学方案，并探寻解决问题的合理途径。在此，教师对学生的已有认知水平和学习中可能面临的困难做了比较准确的分析：进入高年级教学，部分学生追求的是自我语言能力的实现与认可，对学习方式方法的需求在不断增加；而部分学生出现了对语言表达感到吃力的现象，产生了畏难情绪。在此基础上，教师结合对以往故事教学情况的分析，找到了教学的切入点和着力点：关注学习过程，提高课堂实效，将基于故事的英语教学与故事阅读教学相结合，使全体学生能体验学习语言和自然交流表达的快乐，促进语言能力的提升。从而为进一步准确制订教学目标、合理选择教学材料、有效设计教学活动提供了可能和有效的保障。

（二）教学目标分析

（1）能够借助图片读懂故事，分角色朗读故事。

（2）能够正确听出、说出并认读故事中的相关词汇、句型：名词（flour，sugar，butter，liter，recipe）、动词（put，add，mix，break），以及祈使句。

（3）能够在老师的引导下从故事中搜索有用信息，根据图片和主要词汇的提示对故事中制作蛋糕的过程进行简单复述。

（4）能够根据自己的喜好，运用本课所学语言尝试在“为即将到来的父亲节做蛋糕”的具体情境中表达关于蛋糕的制作材料和方法等。

（5）通过观看视频、师生对话、回答问题、图片排序、判断正误、交流、汇报展示等活动，从整体至部分理解、学习故事，体会故事学习的快乐，并运用语言交流。在此过程中启发学生思维，培养学生初步的分析和获取信息、处理信息的能力，发展学生自主阅读能力。

（6）渗透热爱生活和关爱父母的情感意识。

【分析】本节课的教学目标设计合理、具体、明确，符合小学高年级学生的

年龄特点，可操作性强。首先，教学目标中“借助图片读懂故事，分角色朗读故事；正确听出、说出并认读故事中的相关词汇、句型；根据图片和主要词汇的提示对故事中制作蛋糕的过程进行简单复述”是绝大多数学生都能够达到的；其次，在保证面向每一个同学的同时，教师积极创造条件，联系生活实际设置情境，让学生“运用本课所学语言尝试在具体情境中表达关于蛋糕的制作材料和方法等”，以满足那些有更多学习潜力的学生的需要。教学目标的制定能够兼顾学生不同的语言能力、学习特点和方式，遵循语言学习的规律，对于“关注学习过程，提高课堂实效，使每个学生能体验学习语言和自然交流表达的快乐”起到了积极的影响。

（三）学习准备分析

教师自制视频短片两段、PPT 演示文稿、录音机、食品实物、单词句型图片；两份学生活动材料（见下图）。

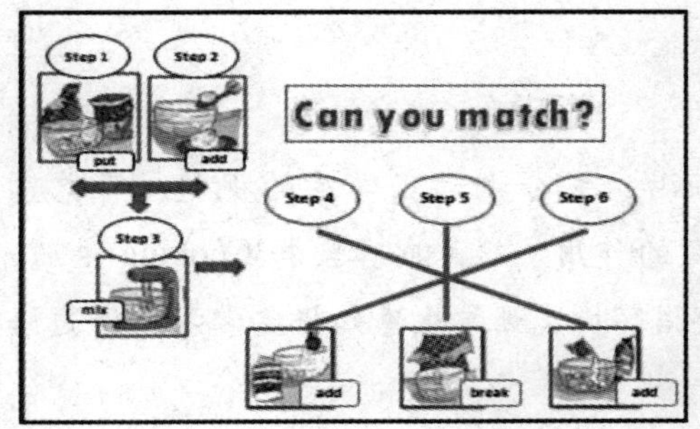

【分析】教师以多媒体课件为载体，围绕 Cooking 和 Making A Cake 的主题，通过两段自制视频和 PPT，将蛋糕制作过程从故事文本的叙述变得直观化、形象化；学生活动材料的精心设计，为学生的操练与运用创设了情境，提供了有层次的语言支持。这样的准备，既能激起学生的兴趣，创设语言学习情境，又能合理安排教学内容，有效服务于教学。

（四）教学过程与研究

1. Before story：Warming up and leading in

（1）A short movie.

T：Children，I want you to see a movie，just think about one question：What's the movie about?（播放教师自制短片，以下为影片主要内容）

That's the fantastic cooking!

T：What's the movie about?

S：The movie is about Cooking.

T：Do you agree with him?

S：Yes!

【分析】课堂伊始，教师借助自制短片，充分调动了学生的视觉、听觉感官，起到吸引学生注意力、激发学习兴趣的作用。短片内容紧扣 Cooking 主题，短片中的文字让学生不由自主地进入了英语环境，让学生感知将要学习的话题语言，做好学习话题的准备。

（2）Free talk.

T：Do you like cooking?

S：Yes!

T：Who usually cooks at home in our class?

S1：I usually cook salad.

T：Good! What else? What kind of dishes can you cook?

S2：I usually cook coke chicken.

T：A coke chicken? It's delicious!

S3：I usually cook cake.

T：You can cook cakes! Is it difficult?

S：Yes! It's very difficult.

T：So you're really a cooking expert! Who else?

S4：I can cook egg fried rice.

T：Good! It's a simple dish. And today we will cook with Mocky.（板书：Unit 11 Cooking with Mocky）

T：Children. Would you please read the title together?

【分析】教师通过与学生自由谈话，激活学生有关烹饪话题的生活经验和语言知识，引发学生进行自主表达。学生积极调动已有语言储备，结合生活经验，与教师自如交流。教师在与学生交流的过程中，能够结合学生个体情况给予评价、反馈，生成语言体现了师生真实的交流。环节设计达到了对话题的进一步预热，轻松自然地引领学生参与到本课故事教学中来，做好语言的准备。

2. During story

（1）Presentation and input：Three times various aims reading.

① First time reading：To find out "What do they cook together?"

T：From the title，can you guess what they cook together?

S：Maybe they cook pizza/Maybe they cook noodles and they make a mess/I think they will cook salad.

T：That's all maybe. Do you want to know what they cook together?

S：Yes!

T：Please open your books and turn to page 50. Please read the story quickly and try to find out "What do they cook together?"

（学生第一次读故事：速读，找到"他们一起做什么"的答案）

S：It's cake! /They cook a cake!

T：Do you like it?

Do you want to learn how to make a cake?

S：Yes.

T：In today's class we are going to learn：what we need to make a cake and how we make a cake.（The steps of making a cake）I hope you will enjoy the story，and get some information from it. And at the end of the class，I hope you can tell us about your favorite cake.（板书：What? How?〔steps〕）

【分析】在故事呈现和输入环节，教师鼓励学生以课题为基点对故事进行猜测，引发学生的好奇心，从而顺利进入第一次默读故事环节。学生通过速读找出答案，验证预测。同时借助答案，教师引导学生明确本课时的学习目标，搜索故事中的重点信息：(1) 制作蛋糕需要的材料（涉及相关名词）；(2) 制作蛋糕的步骤（涉及相关动词和祈使句）。体现了"学生是课堂学习活动的主体"，学生只有清楚了本节课的学习目标，他们才能尽最大的努力去达到目标。

② Second time reading：To find out "what do they need to make a cake?"

T：Let's start from "what". Would you please read the story again and try to find "what do they need to make a cake?"

（学生第二次读故事：略读，找到制作蛋糕需要的材料）

T：What do they need to make a cake?

S：They need flour，eggs，milk，sugar and butter.（教师把相应图片贴在黑板上）

T：Do you know flour? We use flour to make bread，pizza and noodles.

Which is very sweet（Sugar）? Let's read them together.

T：Those are what they need to make a cake.（指板书：What?）

Do you want to know how they make a cake?（指板书：How?）

S：Yes.

T：Now，let's enjoy a cartoon about this story. Please pay more attention about the steps of making a cake!

（学生观看故事卡通）

【分析】学生通过第二次默读故事，找出故事中的重点信息：What（制作蛋糕需要的材料）？教师适时呈现五个新名词，帮助学生理解词义进行简单认读。简单而高效的活动，既训练了学生查找信息的技巧，又达到了引导学生说出并认读故事中相关词汇的目的。随后教师简短的语言，将学生的关注点自然过渡到故事中的第二个重要信息：How? Steps. 卡通播放有助于整体、直观地呈现故事。

③ Third time reading：To find out "How do they make a cake?（The steps）"

T：Do you like the story? Is it funny? Do you briefly know the steps now?

Please read the story carefully again. Try to underline all the steps and number them! Which is step 1，step 2 ...

（学生第三次读故事：整体理解，找到制作蛋糕的步骤并标号）

【分析】学生通过第三次默读，整体理解故事，并自主找出故事主人公制作蛋糕的步骤，为之后深入的学习活动做好铺垫。在故事的呈现和输入环节，我们

可以看到教师在尽可能多地为学生提供感受语言的机会（3 次不同目的的读故事），尝试培养学生通过整体接收事实、领会故事概要的能力。

（2）Understanding the details.（以下环节以故事中制作蛋糕的步骤为主线展开）

Step 1：Put some flour into a bowl.

T：What is step 1?

S：（寻找故事中关于 step 1 的图片）First，put some flour into a bowl.

T：Good！From which picture you can get the answer?

S：From Picture 2.

（PPT 呈现故事图片 2——Step 1，标画出 put 引导的祈使句）

T：That is step 1. But please look at Mocky，Mocky is telling the steps for Ken. But how does Mocky know the steps?

（学生边观察图片边小声讨论）

T：Look！What's in Mocky's hand？What is Mocky reading?

S：Because Mocky has a recipe.

He is reading a cookbook.

T：Yes，you got it！It's a recipe. It's a cook book.

I've got a cake's recipe，it can tell us how to cook.

（PPT 呈现 a cake's recipe，教师带读 recipe）

T：（PPT 呈现故事图片 4）So you can see what Ken is doing?

（学生观察图片）

T & S：Ken is putting three kilograms of flour into a big bowl.

T：Do you know put?

（有的学生在尝试做动作。教师出示 put 单词卡片，结合肢体语言和学生边做动作边说单词）

T：Children，please imagine，now each of us has a big empty bowl on our desks.

This is mine. Where are yours？Please hold it carefully！

Now，listen！Please put some flour into your big bowl.

S：（边做动作边说）Put some flour into a big bowl.

（以下为学生模仿制作蛋糕的画面）

T：So what is the step 1？

S：Put some flour into a big bowl.

（板书：put/flour. 播放 picture 2——step 1 动画，学生跟读模仿发音）

Step 2：Add some butter to the flour.

T：What is step 2？

S：（找故事中关于 step 2 的图片）Add some butter to the flour.

T：Yes！Which picture？

S：Picture 5.

（PPT 呈现故事图片 5——Step 2，标画出 add 引导的祈使句）

T：Do you know add？（出示 add 图片）

Add just means we put something with something. Read after me：add.

S：（做动作跟读）add

T：Do you remember your big bowl？What's in your big bowl now？

S：There's some flour.

T：listen！Would you please add some butter to the flour？Can you do it？

S：（做动作）Add some butter to the flour.

T：Good！You got it！So the step 2 is …

S：Add some butter to the flour.（观看动画跟读）

（板书：add/butter. 播放 picture 5——step 2 动画，学生跟读模仿发音）

Step 3：Mix them together.

T：What is the next step？Step 3？

S：（找故事中关于 step 3 的图片）Mix the butter and flour together.

T：I agree with you. The step 3 is …

S：Mix the butter and flour together.

（PPT 呈现故事图片 Step 3，标画出 mix 引导的祈使句）

T：Do you know mix？（出示 mix 图片，带读，做动作）

Please mix your butter and flour together. Mix them together.

S：（边做动作边说）Mix them together.

T：So the step 3 is …

S：Mix them together.

（板书：mix；播放 step 3 动画，学生跟读模仿发音）

T：Good imitation.

【分析】在学生对故事有了初步了解的基础上，教师引导学生对故事进行更深入的学习：细节阅读。此部分重点在于对故事细节的理解，同时，培养学生"读图"的能力。此环节以故事中制作蛋糕的步骤为主线展开，教师引导学生按照 1 ~3 的步骤寻找故事中的具体情节和相应图片，通过观察图片中人物的行为、动作等隐含线索，展开对故事的细节理解。与此同时，教师把握时机恰当地导入新的语言知识：3 个动词（put，add，mix）及祈使句，并借助肢体语言呈现新知，让学生在趣味模仿的过程中听懂、理解语言，帮助和促进学生对故事更准确、全面的理解。录音跟读模仿的过程，起到了引导学生用正确的语音语调和情感说英语的作用。

Step4/Step5/Step6：Add some milk. /Break some eggs. /Add some sugar.

T：You can see，these are step 1，2 and 3. But we still have 3 more steps.

（呈现 PPT：活动材料 1）

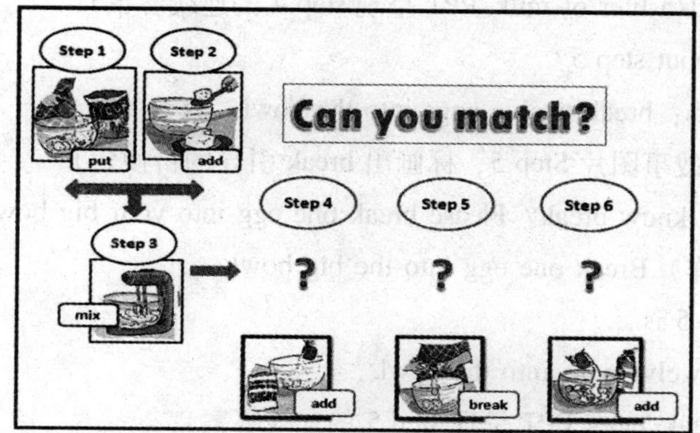

T：Would you please use this form to find "what the steps 4，5，6 are" and try to match them？Also you can check your books.

（学生阅读后续故事，完成连线）

T：I think you can discuss in pairs to share your ideas.

（学生双人讨论交流，完善连线）

T：In your opinion，what is step 4？

S：Add one litter of milk.

（PPT 呈现故事图片 Step 5，标画出 add 引导的祈使句）

T：Good！How much milk？

S：One liter of milk.

T：Do you know liter？I've got a liter of milk.

（出示一盒牛奶实物）Look，this is a liter of milk.

Here's a sign. What is it？

S：1L.

T：Here is a sign goes like this（板书）：1L

L stands for liter. Do you know the size now？

【分析】教师以呈现实物的形式突破学生对“升”这个容量单位的理解与学习，直观的形式更易于被学生接受理解。

T：Children，don't forget to add some milk to your big bowl.

S：（边做动作边说）Add some milk.

T：The step 4 is …

S：Add a liter of milk.

（板书：add/a liter of milk. PPT 呈现 step 4 的连线答案）

T：How about step 5？

S：Step 5 is：break twelve eggs into the bowl.

（PPT 呈现故事图片 Step 5，标画出 break 引导的祈使句）

T：Do you know break？Please break one egg into your big bowl.

S：（做动作）Break one egg into the big bowl.

T：So step 5 is …

S：Break twelve eggs into the bowl.

（板书：break/eggs. PPT 呈现 step 5 的连线答案）

T：What is the last step？Step 6？

S：The last step is：add two kilograms of sugar.

（PPT 呈现图片 8——Step 6，标画出 add 引导的祈使句）

T：Please add some sugar into your big bowl. You know 2 kilograms of sugar is a lot.

（学生做动作。教师板书：add/sugar. PPT 呈现 step 6 的连线答案）

T：Well. These are all the steps to make a cake in the story.

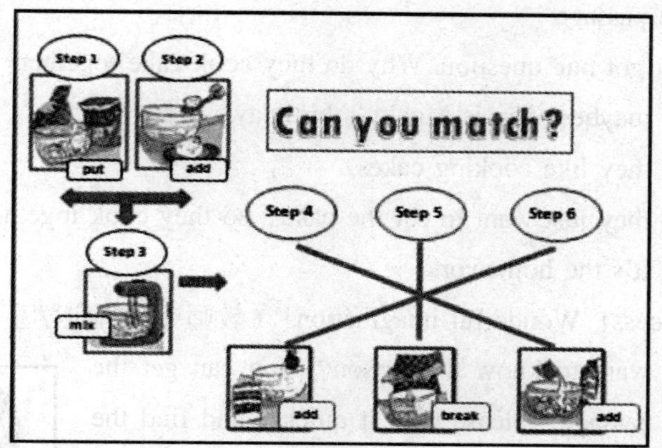

【分析】教师将理解故事环节分为两部分实施：前三个步骤和后三个步骤。前三个步骤的学习是以教师设置问题引导学生读图观察、寻找答案来实施的，学生逐步理解了故事细节，掌握了方法和要点。此时如果教师继续使用相同的方式进行后续的故事教学，学生将会因学习方式单一而导致兴趣减退，于是教师将后三个步骤的学习自主权交给学生，通过自主阅读完成连线图和小组交流的形式实现。这样的处理，既激发了学生的学习兴趣，又给予学生学习空间，让学生用已掌握的学习方法理解故事内容，训练了学生独立思考、解决问题的能力，同时丰富了我们对理解故事环节的实践认识，灵活而有实效。

(3) Imitation and practicing.

① Read after the tape.

T：Now it's time for you to follow the tape and review the story! Try to imitate them!

（学生看书跟读录音，并模仿不同人物语气）

T：All of you did a fantastic job!

【分析】有感情地朗读故事，使学生走进人物角色，进一步体会故事情节，是内化目标语言最基本也是重要的环节。

T：What do you think of Mocky?

S：Mocky is naughty.

T：Why did Mocky change the recipe?

S：Because Mocky wanted a bigger cake.

T：That's it!

② Read the passage.

T：I've still got one question. Why do they cook cake together? Can you guess?

S1：I think maybe today is Mocky's birthday.

S2：I think they like cooking cakes.

S3：I think they just want to eat the cake，so they cook together.

S4：I think it's the homework.

T：Good guess！Wonderful imagination！（教师充分肯定学生的多种猜想）

T：Do you want to know the reason? You can get the answer from the passage，please read it quickly and find the reason.

（学生阅读文字叙述部分找出答案）

S：Because yesterday was Father's Day，they wanted to make a cake for father.

T：So they followed all the steps to make a cake for father.

【分析】教师利用故事连环画部分与文字叙述部分的信息差，引发学生对故事背景的猜测，激起学生阅读文字描述部分的兴趣，自然过渡到文字叙述部分的学习，进行了第一次阅读。

T：How much do they need for each?（教师边问边把关于各种材料的数量卡片：3kg/1 liter/1/1kg/kg 随机摆放在黑板上）

T：Please read the passage again and find the answers. You can circle them out. If you finished it，you can read it aloud.

（学生第二次读文字叙述部分内容，寻找具体信息，并进行朗读）

T：Who wants to show your ideas?

S：They need 3 kilograms of flour. /They need 1 kilogram of butter. /They need twelve eggs. /They need 1 liter of milk. /They add 2 kilograms of sugar.

【分析】学生通过第二次阅读找到答案，到黑板前帮助老师把数量卡片与之前的板书相关内容进行匹配，师生核对答案。再一次阅读文字叙述部分是深入熟悉故事的过程，由于在讲故事的过程中关注重点是制作蛋糕的步骤，所以此次读的目的是让学生关注故事中主人公对材料的用量，进而完成故事所提供全部信息的学习，对故事的学习更完整。

③ Check students' understanding.

T：You are very smart！You can understand the story very well. More challenges for you. It's time for TRUE OR FALSE TIME. Let's play the game.

The rule goes like this：

If you think it's true，raise your English book. False，raise your pencil box.

（学生参与判断活动，并对错误信息进行修改，朗读正确内容）

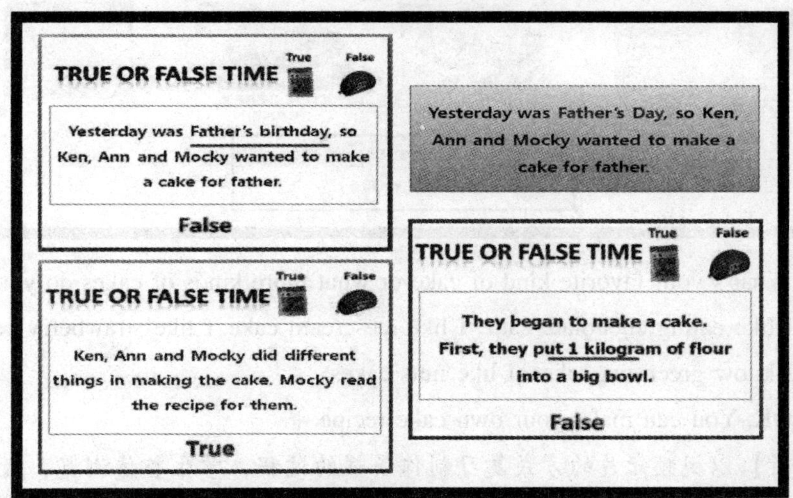

【分析】教师以游戏方式巩固学生对故事的理解。游戏的设计符合小学高年级学生的年龄特点，挑战性与趣味性结合，同时学生在判断每个PPT上文字的正误，并阐述原因后，又进行了相应的朗读练习。所呈现的文字内容是教师精心设计的，整体朗读后即是对本课故事内容的概括，活动设计可谓一举两得。

3. After story

（1）Review and get more ideas from movie.

T：Children，in the story they made a cake for their father. For us，Mother's Day is coming. When is Mother's Day this year？

S：I think it's on the second Sunday of May.

T：I checked it's on May 10th this year. Today we learned how to make a cake. Maybe on that day we can make a real cake for our mothers！Do you want to have a try？So let's review the steps and practice making our cake recipe for Mother's Day！Here's a movie for you. Hope you can get some new ideas！

（播放教师自制电影，以下为影片主要内容）

T：What's your favorite kind of cake or what more kinds of cakes do you know?

S：I like eating chocolate cake. I like ice-cream cake. I like strawberry cake. I know green tea cakes. I like nuts cakes …

T：OK. You can make your own cake recipe.

【分析】以视频短片的方式复习制作蛋糕的过程，学生整体浏览，教师鼓励学生基于已有经验充分表达，为学生将要进行的后续语言输出活动提供更多的语言支持，打开思路。

(2) Language in use：Make cake recipe individually.

T：Let's begin to make our cake recipe for Mother's Day!

(教师示范：逐步播放演示文稿，介绍自己为母亲节制作蛋糕的选择与步骤)

Teacher's saying: *I want to make a fruit cake, because fruit is my mother's favorite. First, I put some flour into a bowl. Then I add some butter and mix them together. And then, I add some milk, break some eggs and add sugar. After that, I will bake the cake. Finally, I put some fresh fruit on it. It must be yummy! My mother will like it.*

Students' activities as follows:

reading individually.

◇ Finish the table and practice.

◇ Some students give a presentation.

S1: I want to make a nuts cake, because I like nuts. First, I will put some flour. Second I will add some butter. Then, I will mix them. And then I will add some milk. I will break some eggs. After that, I will put some sugar. I will bake it. Finally, I will put some nuts.

S2: I want to make a fruit cake. First, I put some flour. Second, add some butter. I will only put a little, because I don't like butter. I mix them. Then, I will put one cup of milk. And then, I will add some sugar. After that, I will bake the cake. Finally, I will put some fruits on it and eat it.

◇ All the students stand up and introduce their cake recipes to friends or to the teachers and the guests around them.

【分析】教师创设为"母亲节"制作蛋糕的情境，将故事内容与学生生活实际结合起来，激发学生运用语言表达的欲望。活动材料为学生提供了表达框架和语言支持，学生结合旧知运用新知根据自己的喜好选择制作不同口味的蛋糕，实现在真实情境中连贯、顺畅地运用语言表达、交流，体验学习故事后运用语言的快乐。

4. Home-work setting

(1) Read the story again.

(2) Introduce the steps of making a cake to your parents.

Today we've learned how we make a cake and what we need to make a cake. After class, you can just try to make a real cake for Mother's Day with this recipe, please keep it carefully!

板书设计：

【案例分析】

本节课是一节以烹饪为主题的五年级故事教学课，体现了授课教师对小学英语高年级故事教学的思考。

本节课设计思路遵循“基于故事的英语教学”的基本要求：提供语言感受，重视输入；紧扣故事素材，强调理解；导入语言知识，促进理解；注重模仿表演，强化体验。在充分研读教材和准确分析学生的基础上，教师尝试将基于故事的英语教学和故事阅读教学有机融合，希望在故事教学过程中对小学高年级学生进行初步的阅读方法和策略的培养，力求通过故事教学促进学生语言能力的提升，让学生体验阅读故事的快乐，体验学习英语的快乐，体验学习成功的快乐。

纵观整节课，教师能够调整自己的教学方式，没有逐图、逐句去讲故事，而是注意发挥学生的自主性并突出学习中的策略，强化了学生的阅读活动，培养学生在理解故事的过程中获取信息的能力，活动设计由浅入深，层层推进，为学生语言的输出与运用服务。如：在输入环节通过三次不同目的的读，预测、理解故事大意；在理解环节通过找寻制作蛋糕的步骤读图理解细节；在模仿操练环节通过读语篇完成对故事所提供全部信息的搜索与获取，对故事的学习更完整。

同时，教师注重将所学内容与学生生活经验相结合，如：“What food can you make? What kind of cake do you want to make?”问题的设置，以及在语言输出环节将故事表演调整为“Let’s make our cake for Mother’s Day.”引导学生从故事中走出来自主表达、在情境中交流运用所学语言，体现了故事学习与学生生活的联系，有利于学生的发展，更突出了“学生学习故事的最终目的不是能讲述或表演故事，而是运用语言知识进行再创造”。

附　录　教学设计技能评价量规

要素	优秀	良好	尚可	需努力	权重
课程标准分析	明确课程标准对本节课的指导作用，准确描述课程标准在本节课中如何具体落实。	指出了课程标准对本节课的指导和课程标准的落实点。	有课程标准指导的描述，但缺乏课程标准的具体落实。	对课程标准的指导和落实没有具体描述。	0.1
教材分析	准确说明该内容在整个学科或整册教材中的地位；正确分析该内容在单元教材中的前后联系；准确分析教材的关键内容及教学重点；分析对教材的处理及教学设想。	说明了该内容在整个学科或整册教材中的地位；比较正确地分析了该内容在单元教材中的前后联系；教学重点分析比较准确。	分析了该内容在单元教材中的前后联系；指出了教学重点，但缺乏对重点的分析。	知识内容在教材中的定位不准确；缺乏对重点内容的分析。	0.1
学情分析	学生年龄及认知特点、知识结构及已具备的知识分析准确、具体；实现目标的困难因素分析全面、准确。	有较明确的对学生年龄、认知特点及知识结构的分析；有对教学难点的具体分析。	学生知识结构及已具备的知识有分析；指出了实现教学目标的困难点，但缺乏具体分析。	对实现教学目标的困难因素缺乏具体的分析。	0.2
教学目标	目标定位准确（在学生最近发展区）；描述简明扼要、具体，可操作性强，可检测。	目标定位准确；描述有一定的可操作性、可检测性。	个别目标定位偏离学生最近发展区；描述可操作性不强。	目标定位不准确；描述缺乏可操作性。	0.3

续表

要素	优秀	良好	尚可	需努力	权重
教学策略	针对把握教学重点、突破教学难点的设想和方法合理、巧妙；针对教学内容特点的教学方法恰当、合理，符合学生认知规律。	针对把握教学重点、突破教学难点的设想和方法合理；针对教学内容特点的教学方法符合学生认知规律。	有针对把握教学重点、突破教学难点的设想和方法。	缺乏针对把握教学重点、突破教学难点的设想和方法。	0.1
教学活动	教学活动的目的明确，与教学目标相一致，活动之间有明确的逻辑关系。	教学活动的目的明确，与教学目标相一致。	教学活动的目的与教学目标不完全一致。	教学活动与教学目标之间没有关系。	0.1
教学评价	有评价设计；定性评价与定量评价相结合；过程评价与结果评价相结合；评价方式多元、客观，对学习有促进作用。	有评价设计；定性评价与定量评价相结合；过程评价与结果评价相结合。	有评价设计；只是在教学结束后有检测题。	缺少教学评价设计。	0.1
备注					1

第二章

教学语言技能

学习目标

- 了解：什么是教学语言技能
- 理解：教学语言的基本特征
- 掌握：教学语言技能的构成要素
- 理解：教学语言的作用
- 应用：如何评价教学语言技能

第一节　教学语言技能的概念

一、教学语言技能的定义

教学语言技能是教师用正确的语音、语义，合乎语法逻辑结构的口头语言，对教材内容、问题等进行叙述、说明的行为方式。

二、教学语言技能的特点

教学语言是教学信息的载体，是教师完成教学工作的主要工具。教师的语言表达形式是多种多样的，主要有课堂口语，即口头表达；书面语言，即书面文字表达，如板书、批阅作业的批语等；体态语言，即用示范性或示意性动作来表达思想。在这三者中，课堂口语是课堂教学中语言表达的主要形式。

教学语言除了具备一般语言的共同性质外，还显示出与其他语言的明显区别，有它自身的特征。

1. 教育性

教师的职业本身使其教学语言具有一定的权威性。教师的教学语言对学生的思想、情感、行为始终有着潜移默化的影响，有的甚至是决定性的影响。教学语言的教育性，常常渗透在教学过程中，与教学内容紧密结合在一起，也常常渗透在组织教学的语言里。

2. 学科性

教学语言所传递的是某个学科的教学信息，必须运用本学科的专门用语——术语来进行。否则，不但语言不严谨，还可能出现错误。

3. 科学性

教学语言的科学性包括两方面：一是用词必须准确；二是必须合乎逻辑，合乎事物自身发展变化的规律。教学语言的科学性是教学内容科学性的重要保证。而教学内容的科学性是教学中的首要要求。

4. 简明性

教学语言的简明性是由教育、教学的特殊任务决定的。教师的语言不简明，学生很难抓住重点，势必给学生吸收教学信息带来极大的困难。教学语言的简明性也是由其特定的环境和表达方式所决定的。一节课时间有限，在有限的时间内要完成规定的教学任务，语言的表达必须简明扼要。

5. 启发性

教学语言的启发性，是指教师的语言对学生能起到调动自觉性和积极性的作用。启发性有三重意义：启发学生对学习目的意义的认识，激发他们的学习兴趣、热情和求知欲；启发学生联想、想象、分析、对比、归纳、演绎；启发学生的情感和审美情趣。

6. 可接受性

教学语言是传递教学信息的工具，要使之能达到预期的效果，所用的语言必须能为学生所接受。教学语言不能超越学生的认知能力，尽量做到深入浅出。教师要密切观察学生的反应，使自己的语言跟学生当时的思维联系起来，跟学生的接受水平相一致。另外，还要注意声调的高低、语气、语速等语言的外部形式和语言的亲和力，以利于学生的接受。

第二节　教学语言技能要素

一、教学语言技能要素及指标

教学语言技能要素	指标 1	指标 2	指标 3
吐字发音	普通话/英语发音标准。	吐字清晰，尾音清晰，音节与音节之间没有发生再拼合现象。	音量控制适度，坐最后一排能听清，坐第一排不感觉震耳。
语速节奏	能根据教学内容及对象调节语速。	语速适中，符合实际需求。	节奏和谐，张、弛、疾、缓，停顿合理。
语调语气	语调抑扬顿挫。	能与内容情境相适应，运用不同的声调表达疑问、感叹、惊喜、沉思。	经常使用鼓励、信任、尊重、商量、赞许等积极正面的语气与学生沟通。

续表

教学语言技能要素	指标 1	指标 2	指标 3
词汇语法	用词规范、准确、生动，正确使用专业术语。	符合用词造句的规则。合乎语法、逻辑，语言连贯。	语言句式、用词丰富，语言应用自如，少口头禅。

二、教学语言技能的理论依据

心理学研究表明：对感官富于刺激性的语言，最能引起学生的兴趣。苏联生物学家巴甫洛夫创造了两种信号系统学说：第一信号系统以直接作用于感官的具体刺激，如声、色、味的刺激，作为信号刺激，这是人和动物所共有的；第二信号系统以语言作为信号刺激，这是人类所特有的。如果在教学语言的应用上能掌握第二信号系统的规律，注意使用那些对感官富有刺激性的语言，那么在教学时就能紧紧地吸引学生。要达到这一效果，在于用生动的语言，将抽象的内容具体化，善于将事物的形态、特征具体而形象地展现在学生的眼前，这样可以增强学生的学习兴趣，激发他们的想象力，进而使学生牢固地掌握知识并培养起形象思维的能力。

从心理学观点看，亲切自然的语调，能给人一种悦耳、轻松的愉悦感，能唤起学生积极的情绪，激发他们浓厚的兴趣，促使他们精神振作，注意力集中，产生强烈的求知欲望，并积极有效地进行思考。从心理方面来说，语言是信号的信号（即第二信号系统），是事物的符号，和具体的事物密切地联系着。人类正是因为有了语言，才产生和发展出智慧。语言作为媒介物把客观世界和人的智力直接地联系起来，使人的认识由直觉（第一信号）上升到抽象（第二信号），从而驾驭事物的本质和规律。学习就是借助语言进行记忆（词与词形成的暂时联系）、抽象思维、创造想象（通过两种信号系统的交互作用实现的），唤起情感，并通过语言获得知识和经验。

第三节　教学语言技能要素的操作要点

一、吐字发音的操作要点

（1）使用普通话/标准的英语。

普通话的标准只有一个，就是以北京语音为标准音，以北方话为基础，以典范的现代白话文著作为语法规范。教师在课堂上使用的英语发音没有统一的标准，但应尽量做到语音语调规范、清晰、能理解。

吐字发音清晰是指语音的音位清晰和音节清晰。发音器官运动到位或尾音清晰保证音位清晰；音节与音节之间不发生再拼合现象则音节清晰。

（2）音量有控制，科学用嗓。

使学生能听清，又不疲劳。教师的语言要在音量和语速大体适当的前提下，视教学需要，该轻则轻，该重则重，该慢则慢，该快则快。然而，虽轻亦能听见，虽重却不震耳，虽慢但不拖沓，虽快决不含糊。

平时上课，宜以中强度音量为主，老师说的不吃力，学生听起来也轻松。音量过大，学生反而听得不真切，还容易造成听力疲劳。音量大小，应以最后一排学生能听清为宜。教学中，发音要有足够的底气。少气无力容易使学生的注意力分散，使学习气氛懈怠，缺乏生气。注意克服语声弱化、虚化，最后一个字的字音消失，或说长句子时不能连贯和完整的毛病。为了适合教学内容发展的需要和交流时情感变化的需要，音量要有变化。在教师故意低声讲述以调动学生听觉注意力时，要做到低而不虚，沉而不浊，有内在的声音力度。

二、语速节奏的操作要点

一般情况下，语速以 180～250 字/分钟为宜。不同情况下，语速可能是稳速、急速、缓速等状况。语言节奏是指在一个相对完整的表达中，其语速的快慢、语音的强弱而形成的语流态势，要张、弛、停、顿合理。

一般情况，人的思维语言快于口头语言，但对学生来说，进入一个新的认知领域，需要加上感悟、回顾、联想、辨析、确认等思维内容，往往思维慢于教师语言，教师如果语速太快，学生的“耳朵”就会跟不上教师的“嘴巴”，就会形成“应激性疲劳”，由此导致的压力和紧张会造成领会理解困难，从而影响理解也影响教师信息传达效率。理想的语速应给学生理解和思考的余地。语速太慢，输出的语言信息达不到一定的密度，学生容易漫不经心而松松垮垮，影响教学效果。因此，教学语言语速一般标准是，能基本达成与听话者思维语言同步。

节奏与教学内容表达的需要以及教师的情感流露密切相关。节奏与语速有联系，但不是一回事，这些由音的长短和停顿的长短所构成的快慢变化，伴随相应的节奏强弱，力度的大小和语音长短抑扬的有规律变化，就产生了口语的节奏变化。教师善于调节音程的徐疾变化，形成和谐的节奏，可以加强语言表达的生动性。

当教师专注教学内容的时候，语速就容易变快。尤其是新教师，教学内容还不是特别熟悉，讲课的时候更多的精力用在了如何把设计好的教学内容在课堂上呈现出来，很多时候在课堂上“背”教案。这时候，教师的语速就变得更快了。因此，教师要从以下几点来注意控制自己讲课的语速。

（1）熟练备课，对所讲授的知识做到胸有成竹。

只有真正理顺了教学思路，对要讲解的教学要点和重点做到心中有数，讲课的时候要想着教学思路，而不是回忆教案的内容，刻板地“背”教案，这样可以帮助教师放慢讲课的速度。

（2）备课时，要多从学生的角度想问题。

备课的时候要充分考虑学生的情况，从学生的思维出发，考虑如何安排教学活动。教师讲课的时候要多从学生思维的角度考虑，要心中装着学生，多些提问，多些思考。当发现自己语言有些失控时，可以来个紧急刹车，适当地转变一下话题，或者加些有趣的问题进行提问，当然老师不能自问自答，这个空当既可以缓解过头的语言，又可以牵引学生的思路到研究的问题上来。

（3）掌握语言技巧。

从讲话的角度分析语速快的原因有两个：一是句与句之间停顿时间太短；二是每一句话中的每一个字没有足够的拖音时间，讲话时送气短促，给人以快而不稳的感觉。所以控制语速应着眼于控制每个字的发音时间和句与句之间的适当停顿。

三、语调语气的操作要点

（1）语调抑扬顿挫。

与内容情境相适应，运用不同的声调表达疑问、感叹、惊喜、沉思。

（2）用积极的语气。

语气表示说话人对某一行为或事情的看法和态度，是思想感情运动状态支配下语句的声音形式。语气由两个方面构成：一方面是一定的思想感情，另一方面是一定的具体声音形式。语气在表意方面往往产生意蕴言外的特殊功效。成功的教育与教育者通常采用的语气息息相关，对孩子的情商、智商、气质、修养产生深刻的影响。

运用不同的语调可表达疑问、感叹、惊喜、沉思等复杂感情。它的变化能极大地增强口语表达力。如"Come here"可以有多种不同的语调：命令的、商量的、威胁的、轻蔑的、央求的、绝望的、无奈的、惊奇的、高兴的、生气的、疑问的、玩笑的等。不同的语调会产生不同的效果，正是语调的抑、扬、顿、挫，才能表达出教师不同的情感。

平调用于陈述说明。如：The sun rises in the east and sets in the west.

升调用于惊奇、号召、愤怒、惊疑等。如：You have met Bill Gates?

教师要根据教学情境的需要，适当调控语调的响度，使之有较好的清晰度与感染力。掌握语调的使用技巧，使话说得准确、鲜明、生动，以利于提高教学效率。

在课堂教学中，教师与学生进行沟通时的语气非常重要。有时，同样一句话，有的老师讲话时学生很容易、很愿意接受，有的老师却很难让学生接受，甚至会引起学生的反感。这当中的原因，大多是语气不同造成的。教师在课堂教学中要多使用积极的、正面的语气，教师用语的语气对课堂有直接的影响。委婉礼貌的语气优于刻板强硬的语气；陈述建议的语气比起命令的语气更能让学生接受；请求语气比祈使语气更受欢迎；虚拟语气比起陈述语气在批评上更有艺术效果。教师在课堂教学中能经常用以下几种语气与学生沟通，一定会对教学起到事半功倍的效果。

第一，教师信任的语气能增加学生的自信。孩子希望得到成人特别是老师、父母的信任，尤其是希望学生改正错误，或改掉不好的习惯的、或学生对所学的知识感到畏难的时候，用信任的语气与学生交流，能够增加学生的自信。

第二，教师尊重的语气能引导学生的自我意识。孩子的自我意识的萌芽，始于2~3岁，随着年龄的增长这种自我意识会愈发强烈。孩子上学后，开始了正式的社会化生活，自我意识在社会化生活中会快速发展，这种日益增长的自我意识需要培育和引导，才能逐步形成正确的自我意识，在这个过程中，教师尊重的语气就显得万分重要。

第三，教师商量的语气能培养学生的独立性。每个孩子都有自尊，都有独立意识。课堂教学的时候，要学生去做某件事情可以用商量的语气，让学生觉得教师是尊重他的，和他是平等的，这样有助于培养学生的独立性。

第四，教师赞赏的语气能激发孩子的热情。每个学生都有优点，都有表现欲，对学生所做的每一件事，注意从学生的角度去理解，注重发现学生的优点加以赞赏，会让学生更加乐于表现。

第五，教师鼓励的语气能带给学生信心。要学生做到没有过失，不犯错误，这是不可能的。在课堂教学中，学生犯错误的时候不能一味地批评责备，而应帮助学生分析原因，积累经验，鼓励学生获得成功。

四、词汇语法的注意事项

词汇是语言中能独立运用的最小单位，使用时要求规范、准确、生动。语法要符合用词造句的规则。与语法相关的还有逻辑，组织一段语言时，合乎语法，合乎逻辑，语言才能连贯。

严密有条理的教学语言是教学语言的生命。严密有条理的教学语言是教师思维缜密的反映，它既能清楚地展现事物内部关系，又能增强学生的理解记忆，必然节省教学时间，提高教学效率。教学语言不严密、无条理，就不能系统、正确地传授知识，学生无法理解和掌握知识。没有逻辑的语言学生不信服，没有说服力，学生不但听不出头绪，还增加了思维负担，影响学习效率。

教师讲述每一个句子、句群、段落，都应是科学的客观事实，教师教学语言应符合语法和逻辑规则。如果教师的语句不通顺，概念不明确，判断不当，教学活动就不能正常进行。为此，教师要做到以下几点：

（1）熟练地掌握教材，对所学的知识应有透彻的了解，不仅知其然，还要知其所以然。教师要有足够的知识储备，才能正确运用教学语言，促使其可以严密编织语言，使课堂讲解丝丝入扣。

（2）教师的语言要客观、清晰，条块不粘连，分类叙述标准要同一，分类叙述的子项不交叉。

（3）教师不妄下断语。断语要准确、恰当，理由要充足、真实，要避免自相矛盾。

（4）教学语言必须规范。教师使用教学语言对学生“传道、授业、解惑”，学生时刻都在聆听教师的讲话，教师的语言对学生有示范性，教师的语言不但要符合普通话和标准英语的要求，还要合乎语法逻辑，只有这样，才能正确地传授知识。不合乎语法逻辑的语言，对学习听力会产生不良的影响，儿童辨别能力低，学生会摹仿教师，把错误的说法当成正确的加以使用。

（5）不断提高学识水平。口头语言表达和思想方法、知识水平密切相关。加强语言修养必须学好唯物辩证法，这样才能正确处理讲课中的各种辩证关系，如教师与学生、德育与智育、生理和心理、重点与一般、课内与课外等关系，才能使语言技巧取得最大的教学效益。“胸藏万汇凭吞吐”，教师只有掌握丰富的知识，讲课时才能自如，信手拈来。教师的知识面不应只局限于本学科，应该努力获取多学科知识，做复合型人才。

（6）增强语言变换能力。一方面是语言形式的变化，有词法变换、句型变换、语序变换、辞格变换、语体变换等；另一方面是语言内容的变换，有重要数字变换、专用词语变换、典型事例变换、语言原意变换等。

第四节　案例分析

案例1：语气的魔力

【案例呈现】

让学生改掉写字潦草的毛病，教师说：Kid，if you can keep practicing for 10 minutes a day，I believe you will make huge progress in a month.”

在课堂教学的时候学生提出了教师一时难以回答的问题，教师说：“I really appreciate your question. You must have thought about this issue. But right now，I can’t give you an answer. Do you think it is better if we talk about it after class?”

教师要求学生安静下来听讲，可学生还想和小伙伴讨论刚才的话题，教师说："Wow, that was a really heated discussion. I am sure you still have a lot to discuss. But I can only give you one more minute then you stop it and listen to me. Is that ok?"

学生画了一幅画，也许画得不是很好，但学生画画时的热情和认真劲就是最大的优点，教师评价说："Wow, impressive! I believe if you keep practicing, you will become a better painter!"

学生在上课的时候不小心把水弄洒了，教师这样说："You are just being careless this time. Never mind. Next time please put your water bottle on the floor."

【案例分析】

以上情形下教师的语言的语气极大鼓舞、激励了学生，带给学生自信、信任、尊重，保护了学生的自尊心和积极性，极大促进了学生的发展。

案例2：语言的规范性

【案例呈现】

教师语言不能滥用俗语或使用粗俗的语言。

不规范语言：Why don't you answer my question? Are you deaf or dumb?

规范语言：Please think it over, kids. Let's see who can come up with the answer first.

【案例分析】

粗俗不文明的用语，不但不能令学生信服，反而会降低教师威信。英语教学语言不仅是一种传授知识技能的工具，同时又是学生习得英语的重要来源。教师在课堂上使用的教学语言对学生起着示范作用。

案例3：语言的多样性

【案例呈现】

比如描写一个人胖，可以说："This guy is freaking fat."也可以说："This guy is so fat that when he smiles, we can't see his eyes. And when he opens his eyes, we can't see his mouth."

再比如解释悲观和乐观两个词，教师可以说：“Optimistic means expecting the best in this best of all possible worlds，while pessimistic means expecting the worst possible outcome.”教师也可以说：“For example，looking at half-eaten bread，an optimistic person would think ‘Haha，I still have half left’ while a pessimistic person would think ‘oh，I only have half left.’”

【案例分析】

第一个案例中（描写一个人胖）的两种说法，意思相同辞格不同，效果就不同。而在第二个案例中（解释悲观和乐观两个词），第一种解释无可非议，但不能给学生留下深刻印象；而第二种解释不仅解释清楚了两个词的词意，而且让学生印象深刻，产生了共鸣。因此，在日常教学中教师要有意识地增强语言的变化能力。

案例4：巧妙的教学语言设计

【案例呈现】

教授句型“Whose is it? It must belong to ...”的教学片段：

T：I picked up a watch in the morning. Guess，whose is it?

S1：It must belong to a girl. It's pink.

T：Then whose is it?

S2：It must belong to Mary. She always wears a pink watch.

T：Mary，is it yours?

S3：No，mine is here.

S4：It must belong to Grace. She told me she got a pink watch from her parent on her birthday. Grace，is that yours?

S5：No.

...

【案例分析】

教师通过简练的课堂语言，巧妙设计情境，设置悬念让学生在相对真实的语境中学会运用目标语“It must belong to ...”。

附　录　教学语言技能评价量规

要素	优秀	良好	尚可	需努力	权重
吐字发音	吐字发音正确、清晰，符合普通话/英语要求；音量控制适度，符合实际需求。坐在最后一排能听清，坐在第一排不感觉震耳。	个别字句语音含混，音位或音节不清晰，不符合普通话/英语标准（＜5%）；偶尔音量过大或过小。	少部分字句语音含混，音位或音节不清晰，不符合普通话/英语标准（＜15%）；有时音量过大或过小。	部分字句语音含混，音位或音节不清晰，不符合普通话/英语标准（＞15%）；经常音量过大或过小。	0.3
语速节奏	依据学生年龄特点，语速适中，符合实际需求；节奏和谐，张、弛、疾、缓、停顿合理。	语速基本适中，但偶尔语速未根据实际需求进行调整，偶尔有过快或过慢的情况；节奏偶尔不和谐，张、弛、疾、缓、停顿偶尔不合理。	语速基本适中，但有时语速未根据实际需求进行调整，出现少部分语段过快或过慢的情况；节奏有时不和谐，张、弛、停顿有时不合理。	语速基本适中，但语速经常未根据实际需求进行调整，出现部分语段过快或过慢的情况；节奏经常不和谐，张、弛、停顿经常不合理。	0.2
语调语气	语调抑扬顿挫，能与内容情境相适应，运用不同的声调表达疑问、感叹、惊喜、沉思；表情丰富，经常使用鼓励、信任、尊重、商量、赞许等积极正面的语气与学生沟通。	基本能做到语调抑扬顿挫，基本能与内容情境相适应，运用不同的声调表达疑问、感叹、惊喜、沉思；表情较丰富，能使用鼓励、信任、尊重、商量、赞许等积极正面的语气与学生沟通。	有时语调抑扬顿挫控制不够灵活，有些地方与内容情境不适应，不能灵活运用不同的声调表达疑问、感叹、惊喜、沉思；有表情，偶尔用负面、消极的语气与学生沟通。	经常语调抑扬顿挫控制不够灵活，很多地方与内容情境不适应，不能灵活运用不同的声调表达疑问、感叹、惊喜、沉思；无表情，过于冷峻，总是用负面、消极的语气与学生沟通。	0.2

续表

要素	优秀	良好	尚可	需努力	权重
词汇语法	用词规范、准确、生动，正确使用专业术语；2个以内口头禅/分钟；符合用词造句的规则；合乎语法、逻辑；语言连贯。	个别词汇使用不够规范或者不太生动，但没有科学性错误；4个以内口头禅/分钟；基本符合用词造句的规则；基本合乎语法，合乎逻辑；语言比较连贯、流畅。	少部分词汇使用不够规范或者不太生动，但没有明显科学性错误；6个以内口头禅/分钟；大多数语句符合用词造句的规则，合乎语法，合乎逻辑，没有明显错误；语言的连贯性、流畅度欠佳。	部分词汇使用不够规范或者不太生动，甚至有明显科学性错误；6个以上口头禅/分钟；部分语句不符合用词造句的规则，或者不合乎语法，或者不合乎逻辑；语言不连贯、不流畅。	0.3
备注					1

第三章

导入技能

学习目标

- 了解：教学中导入设计与教学技能的关系
- 掌握：导入技能方法
- 掌握：导入技能的构成与策略
- 掌握：课堂导入的原则
- 掌握：导入技能要素实现方法
- 掌握：导入技能评价方法

第一节　导入技能定义及功能

一、导入技能的定义

所谓导入技能，是指引起学生注意、激发学习兴趣、调动学习动机、明确学习目的和建立知识间相互联系的教学活动方式。它能将学生的注意力吸引到特定的教学任务和程序之中，所以又称为定向导入。导入技能应用于上课之始或开讲新课程，进入新单元、新段落的教学过程之中。

二、导入技能的功能

（1）激发学习兴趣，引起学习动机。

（2）引起对所学课题的关注，引导进入学习情境。

（3）为学习新知识、新概念、新原理和新技能作鼓动、引子和铺垫。

（4）明确学习目的。

三、导入技能的构成要素

为了实现导入技能的功能，教师应当通过学习和教学实习等实践活动，理解和把握导入技能的构成要素，即导入的最重要应用、最普遍、可分解出来和可操作的那些教学行为。

导入技能的构成要素如下：

（1）引起注意。

在引入的开始阶段，教师要以简明的语言或者其他行为方式，发出信息，组织教学。要给学生较强烈的刺激，使学生较为迅速地进入学习准备状态。

（2）激起动机。

学习动机直接推动学生学习的内在动力。激发学生对新知识学习的动机，是导入技能最重要的功能之一，也是导入技能的基本要素之一。兴趣是学习动机中最现实、最活跃的成分。

(3) 组织指引。

在集中注意和激发动机的基础上，学生将面临学习什么和怎样去学习的问题。为此，在导入过程中，教师通常还要帮助学生认识新课题的教学目标，即预期通过教学，学生的知识、技能、能力和情感等将产生哪些变化，并明确按怎样的程序和运用什么方法去学习。这就是导入过程的组织指引。显然有效地实施这些教学行为，能够把学生引导到目标明确、控制有序的学习任务和学习程序之中，对理解和优化新课题的教学过程发挥定向和指导作用。

(4) 建立联系。

指在导入过程中帮助学生建立新知识与旧知识间联系的教学行为，能否有效地建立联系，往往是学生能否真正进入新课题学习情境的关键。

(5) 进入课题。

在一个完整的导入过程的结尾阶段，教师应该通过语言或者其他行为方式，使学生明确导入的结束和新课学习的开始。

第二节　导入技能要素

导入技能由问题情境、知识衔接、目标指引三个要素构成。

一、问题情境

“问题情境”可理解为一种具有特殊意义的教学环境。这种教学环境除了物理意义上的存在外，还有心理意义上的存在。从物理意义上讲，它具有客观性，是一个看得见、摸得着的教学背景，它可以是现实生产、生活材料，也可以是本学科的问题，还可以是其他学科的相关内容等。从心理意义上讲，它充分反映了学生对学习的主观愿望，能激发学生的学习兴趣，能唤起学生对知识的渴望和追求，让学生在学习中伴随着一种积极的情感体验，使他们积极主动地投入到学习中去。

二、知识衔接

知识衔接是指在导入中，要把学生将要学习的新知识和学生已有的知识联系

起来。心理学研究表明：学习者必须积极主动地使新知识与自己已经有的认知结构中有关的旧知识发生相互作用，旧知识才能得到改造，新知识才能获得实际意义。导入是课与课之间的“桥梁”和“纽带”，具有承上启下的作用，既是先前教学的自然延伸，也是本节课教学的逻辑开始。

三、目标指引

教学目标是教学活动所要达到的预期结果或标准。教学目标对教师是教授目标，对学生是学习目标。通过导入，教师把教学目标转化为学生的学习目标，学生知道了学习目标就能明确学习的方向，自觉地以目标来规范自己的行为，主动地逼近目标。同时，教学目标还有激发学生学习动机，使学生产生强烈学习愿望的作用。

附：导入技能要素与指标。

导入技能要素与指标

要素	指标 1	指标 2	指标 3	指标 4
问题情境	问题情境与教学目标密切相关。	能引起注意，激发兴趣，引导思考，引发激情。	在创设问题情境时富有情感，能感染学生。	时间把控得当。
知识衔接	情境能唤起学生相关已有知识。	将新旧知识间建立起内在关联。	将新旧知识间的认知冲突显性化。	能自然流畅地转换到新知识。
目标指引	有确定的学习目标。	通过一定方式强调学习目标。	对实现学习目标的方法和途径进行指引。	学生清晰理解了本节课的学习目标。

第三节　导入技能要素的操作要点

一、问题情境创设的操作要点

首先明确所要达到的教学目标，然后依据教学内容的特点一步步倒推，在学生原有认知结构中找到与新知识具有某种联系又有区别的内容，确定问题情境中相对的两个方面。其次，设计具体的表现方式来表现这对矛盾。

1. 问题的障碍情境

在学生原有知识储备和知识经验的基础上，有意识地让学生陷入新的困境，以形成新的认知冲突，从而唤起学生对新知识的渴望和探求的一种问题情境。

2. 问题的发现情境

就是通过呈现一定的背景材料，引出新的学科问题，通过引导学生发现问题的特征或内在规律，产生新的学科知识的一种问题情境。

3. 问题的解决情境

就是直接呈现出某个新的学科问题，围绕如何解决这一问题去组织学生展开学习、探求知识、寻找解决问题办法的一种问题情境。

二、知识衔接组织的操作要点

导入要真正引起学习动机，仅靠问题情境的设计是不够的，还必须使问题情境中潜在的矛盾或差异表面化、激化，被学生主体充分地意识到。这就需要引导学生从原有认知结构中提取出与新内容相关的内容，与新内容形成对峙。

1. 从旧知识中引出新知识

根据知识之间的逻辑联系，找准新旧知识的连接点，以旧知识为基础发展深化，从而引出新的教学内容，达到温故知新的目的。

通常通过对旧知识进行复习、提问、做习题等活动，对照新情境，发现问题，明确学习任务。这样导入使学生感到新知识并不陌生，便于将新知识纳入原有的认知结构中，降低了学习新知识的难度，易于引导学生参与学习过程。

该方法在导入时需要注意以下几点：

（1）要提示或明确告诉学生新旧知识的联系点，以引导他们思考，从而明确新旧知识之间的联系，进入新的学习。

（2）通过有针对性的复习为学习新知识作好铺垫。同时在复习的过程中又要通过各种巧妙的方式设置难点和疑问，使学生思维暂时出现困惑或受到阻碍，从而激发学生思维的积极性，造成学习新知识的契机。

（3）要精选复习、提问的旧教材内容和编排习题，使之与新内容之间有一个紧密联系的“支点”，从复习到讲授新课过渡得连贯自然。

（4）不同学科导入的方式也有所不同。音乐、美术、体育等技能性学科一

般多采用练习、演示的方式。先让学生练习一下上节课的动作或技巧，看是否掌握熟练，再进行矫正和指导，然后传授新的内容。而语文、政治、历史、外语等文科类学科则常借助于提问、讲述、引证来进行。物理、化学、地理等理科类学科则以练习、实验、演示为主，或复习、巩固、印证前面所学的知识，或以此为基础展示新的矛盾和问题，让学生思考。

2. 从已有的生活经验中发现新的问题

在新内容与学生的有关经验既有联系又有区别时，从学生已有的生活经验、已知的素材为出发点，教师通过生动而富有感染力的讲解或提问等方式引导学生从已有的生活经验中发现新的问题，引起学生的求知欲望，引导学生动脑思考。

该方法在导入时需要注意以下几点：

（1）一定要选择学生非常熟悉的生活经验、体验或素材，这样才能引起学生的共鸣，调动起所有学生的情绪。

（2）所选择的内容要与新学习内容有关系，但又不明白为什么有关系的现象材料。

（3）教师要在关键处提出问题，引导学生对“熟视无睹”的现象进行思考。

3. 从实验现象中展现新知识

以已知实验现象或知识经验与新知识对比方式产生问题情境，提出新问题，自然地过渡到新课学习的导入方法。通常是在新知识所要求的感性经验是学生所缺乏的，或在生活中虽有所接触，但没有引起充分注意和思考的，或需要有鲜明的表象时采用。从实验现象中展现新知识有利于形成学生生动的表象。由形象思维过渡到抽象思维。因此，在小学各年级和中学理科教学中运用较广。

该方法在导入时需要注意：

（1）实验演示的内容必须与新内容有密切的联系并能为学习新内容服务。

（2）要让学生明确观察的目的，掌握观察的方法。

（3）教师要善于抓住时机提出问题并引导学生积极思考。

4. 在情境中激发学生感受新知识

选用语言、设备、环境、活动、音乐、绘画等各种手段，创设一种符合教学需要的情境。在所创设的情境中，通过与学生对话、让学生参与活动等形式调动学生已有的知识能力，激发学生学习新知识的兴趣，诱发思维，使学生处于积极学习状态。苏霍姆林斯基说："任何一种教育现象，孩子们越少感到教育者的意图，它的教育效果就越大，我们把这条规律看成是教育技巧的核心。"情境创设如运用得当，则会使学生身临其境，感同身受，意识不到是在上课，从而在潜移默化中受到教育，获得知识。

该方法在导入时需要注意以下几点：

（1）善于创设情境，教师必须从教学内容出发，精心组织，巧妙构思，创设良好的符合教学需要的情境。

（2）教师设置情境应有明确的目的或意识，或以此激发学生的情感，或因之引发学生的思维，或借此陶冶学生的性情等。

（3）当情境内涵比较隐蔽时，教师要恰当地对学生进行启发和引导。

三、目标指引实现的操作要点

教学目标是教学活动所要达到的预期结果或标准。教学目标对教师是教授目标，对学生是学习目标。通过导入，教师把教学目标转化为学生的学习目标，学生知道了学习目标就能明确学习的方向，自觉地以目标来规范自己的行为，主动地逼近目标。同时，教学目标还有激发学生学习动机，使学生产生强烈学习愿望的作用。

具体的方法就是首先对问题情境的导入活动进行概括，提出下面教学的认识主要问题；其次是对实现教学目标的方法和途径进行指引，使学生对接下去的教学要解决什么问题，如何解决做到心中有数，从而形成学习期待。

第四节　案例分析

案例1：HOW MANY STARS CAN YOU SEE?[①]

【案例呈现】

<table>
<tr><td>学习目标</td><td colspan="2">1. 通过师生间的自由交谈，引出谈论动物的主题。2. 利用网络资源，通过歌曲复习旧知，引出新知，并创设“农场”大情境，为对话学习做铺垫。3. 在黑板上设置“农场摘苹果”的小组评价机制，与本课的农场的情景相融合，激发学生学习兴趣，并让其感受大自然的美好。</td></tr>
<tr><td>教师行为</td><td>学生行为</td><td>导入分析</td></tr>
<tr><td>Warm up & lead in
T：Hello！How are you?</td><td>S：I’m fine.</td><td>自由交谈</td></tr>
<tr><td>1. Lead in：Free talk
T：What do you do in the morning?
T：What do you do in the evening?
T：I play with my dog. Do you have a dog? Do you like it?
T：I like dogs. I like animals.</td><td>S：I …in the morning.
S：I …in the evening.
S：Yes. I like it.</td><td>在师生自由交谈的氛围中引出要谈论的动物主题。</td></tr>
<tr><td>2. Sing the song What animals do you see?
T：Look. Here are some animals. They are …
T：Let’s sing a song about them.
Sing the song What animals do you see?
T：These animals live on the farm.</td><td>S：Dogs，pigs …
S：OK.</td><td>在师生齐唱歌曲中，既复习了动物名称的单词，又创设了情境，学生参与学习的热情高涨。</td></tr>
</table>

① 本课为北京版小学英语一年级下册第四单元第15课；课例提供：北京市东城区府学胡同小学李蔓。

续表

教师行为	学生行为	导入分析
3. Create the scene T：What can you see on the farm?（Show the ducks） T：Read after me，"ducks". T：What else can you see on the farm?（Show the cows） T：Read after me，"cows". T：Cows and ducks live on the farm. T：Look，there are some apple trees on the farm.（Show the picture of apple trees.） If you do well in this class，you will pick apples for your team.	S：I can see some ducks. S：Ducks. S：I can see many cows. S：Cows.	然后通过演唱歌曲调动和激发学生学习的情感，引发学生对本节课谈论"农场动物"内容的关注。通过呈现本节课将要谈论的"鸭子"和"奶牛"，在黑板上呈现出农场的情境，为下面的对话学习创设情境。通过在"农场摘苹果"的评价设计，激励学生积极参与课堂活动。

【案例分析】

学习新知前，先温习已学知识，为学习新知做好铺垫。教师努力挖掘新旧知识的相互联系，找准其联结点，巧妙设疑，引发学生的求知欲，创造传授新知识的契机。可以用旧的句型进行问答。由此开始讲解新课。新知是旧知的发展和深入，利用旧知作铺垫，过渡到新知，真正做到了"启"而能"发"，激起了学生探求新知的欲望，激发了学习动力，学生很快就融入到课堂教学中。

通常通过对旧知识进行复习、提问等活动，对照新情境，发现问题，明确学习任务。这样导入使学生感到新知识并不陌生，便于将新知识纳入原有的认知结构中，降低了学习新知识的难度，易于引导学生参与学习过程。

案例2：WHAT'S YOUR NUMBER?[①]

【案例呈现】

<table>
<tr><td>学习目标</td><td colspan="2">1. 利用真实的分组活动引导学生复习数字，并将所复习的数字呈现于课堂中的交际语境中。2. 利用原声视频，营造学习环境，调动学生多感官参与，唱跳结合，既复习了旧知，又自然进入了本课主题语境的学习。</td></tr>
<tr><td>教师行为</td><td>学生行为</td><td>导入分析</td></tr>
<tr><td>Warm up & lead in
1. Divide students into groups and help students to review numbers
T：How many groups do we have?
T：Let's count!
T：One，two，three，four，five，six.

2. Sing a song *Let's count*
T：Now let's watch a video，sing and dance to the song together.
(Teacher plays the video)
T：What's the song about? Is it about numbers，animals or foods?
T：Let's go on learning some new numbers today.</td><td>

Ss：Six.

Ss：One，two，three，four，five，six.

The students watch the video，follow the song and do the actions.

Ss：Numbers! </td><td>教师首先用分组的形式，引导学生全员参与。师生共同复习数字1～6的英文读法。真实自然地将数字运用到课堂教学情境中。利用在网络中收集的歌曲，让学生一边观看一边进行歌唱表演，既调动和激发学生学习数字的积极性，又依照低龄学生的性格特点——活泼好动、乐于表演来活跃课堂气氛。教师下载原声视频，既为学生营造一个原声的学习环境，又以加德纳多元智能理论策略，调动学生的音乐智能和动觉智能，让学生趣味十足地复习了1至10的数字，并且自然流畅地引入了本课主题——NUMBER。有效地激励学生积极参与接下来的课堂活动。</td></tr>
</table>

【案例分析】

按照任务型教学原则设计语言实践活动，因此，创造性地设计贴近学生的教

① 本课为北京版小学英语二年级上册第三单元第9课，课例提供：首师大附属中学大兴北校区李玲。

学活动，吸引和组织他们主动积极参与，通过思考、讨论、交流和合作等形式学习和使用英语，既能更好地完成教学任务，也能直接切入主题，激发学生的学习兴趣，提高教学成效。

案例3：THERE ARE MANY ANIMALS[①]

【案例呈现】

学习目标	1. 利用撕纸猜词游戏，引导学生复习旧知，并揭示主题。2. 通过观看自制微视频，引导跟读动物单词，进一步复习旧知。3. 通过情景问答，引导学生联系生活实际情况，修正错误认知，掌握科普知识。	
教师行为	**学生行为**	**导入分析**
Warm up & lead in 1. 猜动物： T：Look！What animal is it？卡纸刻出动物的轮廓，教师现场像变魔术一样撕出动物轮廓，猜是什么动物？拓展动物单词：giraffe，kangaroo 2. 观看视频：（搜集学生学过的动物图片，制作成视频） T：Now，Let’s watch a video about animals. There are many animals on the video. If you see tigers，you say “tigers”，if you see cats，you say “cats”，ok? T：Wow！Wonderful. You know so many animals. I like these animals. Do you like animals? Where can we see animals? （zoo，farm，mountains …）	学生跟着老师的撕纸做动作一步步在猜测是什么动物，最后一起同教师学习新单词：giraffe，kangaroo. 学生边看视频边大声说出看到的动物名称。 Ss：Yes. S1：In the zoo. S2：At the farm. S3：In the grassland. S4：In the forest. S5：At the school.	教师通过撕纸猜单词小游戏的形式，让学生的注意力一下子就被吸引过来，集中精力在猜谜中，从而引出本课的主题单词。 以学生学过的动物单词，教师自己制作的视频，为学生创设了一个复习旧知的语境，引导学生进一步来复习动物单词。 通过提问题形式询问学生经常会在哪里看到动物，让学生联系生活实际，在感知和激发学生的原有认知，并在学生的回答中点名和修正一些错误的认识，将新知识和学生头脑中的已有认知相结合，使新知识获得实际意义。

① 本课为北京版小学英语二年级上册第四单元第13课，课例提供：沙河中心小学张春明。

【案例分析】

游戏最受小学生欢迎。游戏导入法就是在呈现新知识前组织生动有趣的游戏，引发学生的无意注意，使学生在玩中学、学中玩，达到寓教于乐的教学效果。游戏的形式可以是多种多样的，如：Guess（猜谜），Listen and do（听一听，做一做），Let's whisper（传悄悄话），Touch and guess（摸一摸，猜一猜），Hide and seek（藏一藏，找一找），Do a survey（调查报告），Do an action（做动作）等。在学生愉快游戏时，教师已有效地切入了新知识，学生在无意识中便掌握了相关的主题单词。

案例4：I HAVE FIFTY MARKERS[①]

【案例呈现】

学习目标	1. 通过演唱歌曲，复习数字1－20，引出本课课题和数字20。2. 通过开放性问题“Do you know other numbers?”和摆磁条游戏，既增强热身活动的趣味性，又激活学生已有知识，引导学生说出整十数字，初步感知数字单词的构成规律。3. 复习L19内容，为新知做铺垫。	
教师行为	学生行为	导入分析
Warm up & lead in 1. Sing a song T：Let's sing a song *The Number Rock Song* 1－20. T：What is the song about?	Ss：OK.（Students sing the song together） Ss：Numbers.	教师通过让学生演唱歌曲的形式，让学生感受数字1～20，为学生创设了数字情境，引导学生来感受和复习数字。
2. Show the title T：Yes. Today we're going to learn Lesson 20. Teacher reads the title. T：Twenty is a number. T：Do you know other numbers? T：Let's show other numbers.	学生说出他们知道的数字。	让学生自由说出知道的数字，激活心中的已知。

① 本课为北京版小学英语三年级上册第六单元第20课，课例提供：北京市房山区间村中心校白晓芳。

续表

<table>
<tr><th>教师行为</th><th>学生行为</th><th>导入分析</th></tr>
<tr><td>教师随意移动磁力条，拼摆整十的数字。

Teacher shows some numbers on PPT.
T：Look at the numbers and find the spelling rules.</td><td> 
学生看着教师拼摆的磁力条，快速用英语说出整十数字。
<table><tr><td>one</td><td>eleven</td><td></td></tr><tr><td>two</td><td>twelve</td><td>twenty</td></tr><tr><td>three</td><td>thirteen</td><td>thirty</td></tr><tr><td>four</td><td>fourteen</td><td>forty</td></tr><tr><td>five</td><td>fifteen</td><td>fifty</td></tr><tr><td>six</td><td>sixteen</td><td>sixty</td></tr><tr><td>seven</td><td>seventeen</td><td>seventy</td></tr><tr><td>eight</td><td>eighteen</td><td>eighty</td></tr><tr><td>nine</td><td>nineteen</td><td>ninety</td></tr><tr><td>ten</td><td></td><td></td></tr></table></td><td>通过在黑板上移动磁条，让学生快速说出整十的数字，再看PPT中展示的十几的英文拼写，进一步激发学生的原有认知，一步步去发现规律。</td></tr>
<tr><td>3. Show the picture of Lesson 19，Dialogue 2

T：What does Baobao collect?
T：How many markers does Baobao have?
T：Yes. Baobao has fifty markers.</td><td>S：Markers.
S：Fifty.
</td><td>通过之前学过的十九课对话内容，自然地引出第二十课的对话，合情合理，既复习了旧课内容，又为新课做了铺垫，起到了很好的承接作用。</td></tr>
</table>

【案例分析】

英语歌曲节奏优美，旋律和谐。音乐语言是微妙的，给人以丰富的感受，使人产生联想和共鸣。在新课呈现之前组织学生演唱英语歌曲，引导学生进入愉快的心境。小学生爱说爱唱，英文歌曲曲调欢快，节奏明快，教师选取的主题歌词紧扣教学内容，学生在悦耳的音乐声中轻轻松松地就掌握了学习内容，并在哼唱间留下深刻的记忆。所以，唱歌不但能吸引学生的注意力，调节课堂气氛，激发学生学习英语的兴趣，还有助于寓美育于英语教学之中。

案例5：WHEN IS THANKSGIVING?[①]

【案例呈现】

学习目标	1. 通过展示图片，呈现本课主题，并引导学生自主交流，复习旧知——日期表达。2. 通过观察图片，学生互问互答进行猜词游戏，进一步复习有关节日的表达，营造节日文化氛围，增强让学生自主体验用英语描述节日的乐趣。

教师行为	学生行为	导入分析
Warm up & lead in 1. 热身欢乐多 出示精美的节日图片来呈现本节课主题。在教师的引导下，学生自主互动，复习有关日期的表达。 T：Today，our topic is about holidays. Now let's have a free talk first.	学生在教师的引导下拼读单词holidays S1：Which season is it now? Ss：It's winter now. S2：What's the weather like? Ss：It's cold and snowy. S3：What day is it today? Ss：It's Sunday today. S4：What is the date today? Ss：It's January 6th.	授课初始，通过呈现图片和播放背景音乐来渲染节日气氛并出示单词holidays，引出主题——节日。通过生生间的互动来激活学生已有的时间表达方法。既活跃了课堂氛围，又为学生的后续学习作了铺垫。
2. 节日任我猜 教师在幻灯片上呈现几幅有关季节和节日的图片，让学生进行有趣的猜词游戏。	S0：It's time for us to play the word game. S1：It's a season. S2：It is very cold. S1：It's a holiday. S2：We can say"Long live our motherland." S3：It is on October 1st. S4：It is our National Day. S1：It's a holiday. S2：We can see Santa Claus and many Christmas trees. S3：It is on December 25th. S4：It's Christmas.	学生通过观察节日图片自主完成趣味性极强的互动游戏，以此来复习与本课有关的节日。利用动态图片为学生创设节日情境，营造节日文化气氛，进一步强调本课主题——节日。此活动完全由学生自主完成，突出了学生在学习过程中的主体性。

① 本课为北京版小学英语三年级上册第七单元第23课，课例提供：芳草地国际学校绳雅婷。

【案例分析】

教师要善于创设生活情境，导入课堂，让学生身临其境。可以利用语言、设备、环境、活动等手段，制造出一种符合教学需要的情境，以激发学生的兴趣，诱发思维，使学生处于积极的学习状态。既可以利用多媒体等其他手段，结合教材内容，创设一个学生可以接受的环境，让其身临其境进入新语言知识的学习，语言的内容和形式容易被学生理解，学习兴趣被激发，是一个很好的课堂导入方法。教师真正以学生为主体，在教学实践中关注学生，学生能够在“热身欢乐多”等活动中，在教师的引导下，通过自主思维来完成对中西方节日的复习。教师还可通过故事来创设假想的情境，让学生联系生活实际，产生联想，如身临其境，在情境中习得语言。

案例6：WILL YOU DO ME A FAVOUR?①

【案例呈现】

学习目标	1. 通过观看视频，让学生直观感受每个有生命的万物都有需要帮助的时刻，点明主题。2. 通过让学生自主选择图片，激发学生的想象力，大胆创编表演对话，增强学生对“帮助”的内涵的双向理解，明确不同情景要使用不同的功能句式。	
教师行为	学生行为	导入分析
Warm up 1. Watch a video *Help others* (1) 讨论视频中内容，了解人人都有需要帮助的时候。 T：What do you see in the video? T：Sure. In the video，old men need help. Babies need help. Animals also need help. Everybody may need help.	学生观看视频，揭示本课的主题——Help others。 预设 S1：I see they help others. S2：I think they are so kind.	开门见山，直接揭示本课谈论的主题——Help others。引导学生进入到本课的学习状态中。

① 本课为北京版小学英语四年级上册第三单元第11课。案例提供：北京市朝阳区呼家楼中心小学高雅。

续表

教师行为	学生行为	导入分析
2. Let's act T：Look，they need help. Choose one picture and act it out. （2）根据学生表演，教师通过板书出示词组 need help 及 help others，引导学生将 Helping 话题梳理为求助及帮助他人两部分。 （3）教师板书寻求帮助及借物的功能句。 T：Who need help? How does he/she ask for help? How does he/she help him/her?	 学生自主选择图片，两人一组创编、表演图片中情境。	通过教师的引导，学生明确本课主题包含求助及助人两部分，更放手给学生，让他们自由选择图片，激发学生的主动思维，再依照图片，开动脑筋，创编情境，入情入境表演对话。更为了在之后的学习中，学生能够明确不同情境中要使用不同的功能句。

【案例分析】

教师以视频短片的方式直接揭示主题，学生再进行有意义的谈论视频内容，让他们更加有目的地思考与讨论，进一步领悟“每个人都有需要帮助的时刻”，主题进一步深化，导入高效且直观，能迅速把学生带入一个新的知识情境中，让导入起到点睛显旨的作用。师生借助于直观教具所提供的情境进行自由交谈、操练和表演。直观教具包括实物、教学挂图、简笔画、卡片、幻灯片、投影片、教学录像、多媒体课件等。直观导入法常以看“图”说话的形式出现，切入新课主题快速、高效。真实的触感调动学生的感官经验，为学生提供了生动形象的感性材料。

案例7：MAY I TAKE YOUR ORDER?①

【案例呈现】

学习目标	1. 通过引导学生演唱欢快的歌曲导入与主题有关的食品单词，并在师生的问答练习中，激活学生的已知经验，使话题更加贴近学生生活。2. 利用教师自己设计的食物宝塔的图片作为对学生的奖励，为后续活动积累素材做准备。3. 在师生互动时，教师对中西餐饮文化作对比，表明自己的观点——热爱中国的传统菜肴，倡导健康的饮食文化。

教师行为	学生行为	导入分析
Warm up & Lead in 1. T：Let's sing a song *I like pizza* 2. Free talk	Ss：Sing the song	本课的对话情境是在餐馆里进行的，内容包含喜好和点餐话题。多数学生都有外出就餐的经验，对谈喜好和点餐都非常熟悉。因此，教师利用学生熟悉的生活经验，创设了教学活动，更加贴近于学生生活。
T：Kids，do you like these food? T：OK，today we're going to talk about how to order dishes. Look at this food tower，If you can answer my question，read or act out the stories well，you will get some food in it. (Teacher points to the dietary tower)	Ss：Yes.	围绕主题设计从宝塔中取食物图片作为对学生的奖励，为下面的教学活动——学生设计自己的一日三餐的菜单而积累素材。
T：What would you like to eat? T：Well，where do you usually eat them? T：Yes，maybe you often eat them. But I don't like them. Eating too much junk food is not good for our health. Eating too much junk food makes us fatter and fatter. I like Chinese food，like Peking Duck. Do you know Peking Duck? T：It is a kind of traditional food，and it is very delicious. I often eat it in the restaurant.	S1：I like pizza. S2：I like hamburgers. S1：KFC. S2：McDonald's. Ss：…	教师自然地介绍了典型的西方食品和中国菜肴，教师注重培养学生的跨文化意识和健康饮食意识，为后续活动即学生自主选择健康的食品并制定相应的菜单做准备，初步体验中外饮食文化的不同，并尝试自主选择健康饮食，提高了人文素养。

① 本课为北京版小学英语四年级上册第六单元第19课，课例提供：北京市丰台区时光小学李海燕。

【案例分析】

语言教学的根本目的是培养学生掌握和运用语言的能力。英语的学习目的在于如何在日常生活中和别人交流与沟通，所以英语教学贴近学生的生活实际，富于生活化是十分必要的。生活化的导入就是从学生生活中的话题入手进入新课。生活背景知识导入有助于引导学生正确理解新材料，畅通思路，还能提高文化素养，实现“教人、教文化、教语言一体化”。

由于英汉两种语言和文化的差异，影响语言输入的效果。因此，在呈现新材料之前，教师可以向学生介绍一些与新课相关的背景知识，或者引导学生通过互联网搜寻有关知识。教师根据课文内容，巧设悬念，引发学生的好奇心，从而激发学生的学习欲望和兴趣，形成学生产生疑问，关注疑问，到破解疑问的学习过程。制造悬念，要在学生已形成的概念、对某些问题的生活体验及对这些问题的更精确的解释与陈述之间树立矛盾。矛盾出现了，悬念就产生了。情境学习新知是一种特殊的情、知相伴的认知过程，这个过程包含着属于非智力因素范畴的情感，情、知交融有利于激发学生学习内驱力，促进学生智力的全面发展。

案例8：LET’S LIVE A LOW—CARBON LIFE[①]

【案例呈现】

<table>
<tr><td>学习目标</td><td colspan="2">1. 利用学生身边的自然景物图片，激发学生的学习兴趣，自然引出保护环境问题和本课的主题——低碳环保，让学生入情入境。2. 通过头脑风暴的形式让学生说出自己所理解的低碳生活，激活学生的原有认知，诱发学生的发散思维，拓展学生的口语交际能力。3. 初步建构思维导维导图的框架，为呈现梳理新知做准备。</td></tr>
<tr><td>教师行为</td><td>学生行为</td><td>导入分析</td></tr>
<tr><td>Warm-up & lead in
1. Free talk.
T：Hello，boys and girls. What’s the weather like today?
Oh，it’s a sunny day. A nice day！Look here，did you see the rainbow on Monday?</td><td>S：Yes，it’s very beautiful.</td><td></td></tr>
</table>

① 本课为北京版小学英语六年级下册第三单元第9课，课例提供：北京市昌平区教师进修学校刘海英。

续表

教师行为	学生行为	导入分析
2. Establish scene		教师让学生观看一些图片：第一幅是北京罕见的雨后彩虹照耀下的鸟巢，第二幅是雾霾笼罩下的天安门广场，第三幅是昌平湿地公园——滨河，第四幅是农村的一条脏河。每一幅图都提问学生看到了什么，有什么感觉，图片的选取更是学生身边所熟知的场景，很自然引出保护环境问题和本课的主题——低碳环保，让学生入情入境。随后再让学生以头脑风暴的形式说出自己所理解的低碳生活。教师以思维导图的形式展示在黑板中，激发学生的原有认知，为呈现新知做准备。
T：What do you think of Beijing?	S：Beijing's weather is better than before.	
T：Look at the heavy haze of Tian An men Square? Why is the sky so dirty?	S：Maybe a lot of people go by car.	
T：What are you feeling now?	S：I don't like the hazy weather.	
T：This is our Binhe Park. What can you see? How about your feeling?	S：I can see beautiful flowers and clean river. I like it. I live near Binhe Park.	
T：Look at this picture. What can you see in it?	S：I can see a lot of garbage.	
T：Why is the river so dirty?	S：Because the people always litter in the river.	
T：Why does the world change so dirty?	S：Maybe there are a lot of factories in the world.	
T：What should we do?	S：We should protect the environment.	
T：Yes，we can change our life style. We can live a real life—low—carbon life.（出示单元话题）	S：...（brainstorm）	
T：What do you think of the low-carbon life? What should we do? Do you want to know more? Today we're going to learn Unit 3 Let's live a low-carbon life.	Low carbon life save — water protect — plants reuse — clothes plant — trees	

【案例分析】

根据教学内容，可利用自由谈话导入的方式与学生展开真实的对话，以Free-talk这种形式导入新课，不限形式，能适时引入相关主题，拉近与学生的距离，将学生引入到真实的生活情境中，英语作为一门语言课应具备的交际功能能够及时体现。在教新课时，教师要处处留心，结合所教的内容，随时捕捉生活中的教学灵感，巧妙地联系身边的事物。如在学习文具时，可以从学生的实际物品着手；学习谈论友谊时，可从学生实际的情况谈起，都会增加学生的学习兴趣。让学生们感到轻松自然，顺势进入学习新知识的英语氛围。和谐气氛下的交流很容易缩短师生间的距离，增强了那种融洽和快乐的情感。运用师生对话适时切入主题和新知识，是课堂教学导入的有效方式。通过师生间的真实对话交流，既调动了学生原有的知识技能，又为新知识技能发展作好了铺垫。

附　录　导入技能评价量规

要素	优秀	良好	尚可	需努力	权重
复习旧知，自然衔接	问题情境能唤起学生相关的已有知识，包含将要学习的新知识的核心问题；能将新旧知识之间的内在联系让学生充分感受到，并且非常自然流畅地转换到新知识中。	问题情境能唤起学生相关的已有知识，包含将要学习的新知识的核心问题；新旧知识之间有内在联系、转换到新知识较为流畅。	问题情境能唤起学生相关的已有知识，包含将要学习的新知识的核心问题。	问题情境中新旧知识无关联。	0.15
任务导入，揭示主题	教师在进行简单的交流后揭示任务；问题的设计层层递进，一环套一环，将学生的注意力慢慢转移到本节课所要学习的中心主题上来；学生积极思考教师不断抛出的问题，并在适当的时候和同桌及周围的同学讨论；以问题为媒介完成师生间频繁的互动交流。	问题设计简单，切入主题，一步步与任务相关，学生实时配合教师进行思考，同桌互相讨论。	任务阐述较明确，能够让学生联想到主题意义，师生形成不了互动交流。	任务不明确，未能揭示主题。	0.2

续表

要素	优秀	良好	尚可	需努力	权重
游戏导入，寓教于乐	教师在教学中将游戏与教材内容衔接作为导入，学生在玩耍的过程中对教材内容有所了解，并能产生兴趣；以游戏导入课程，学生学完后继续用游戏巩固知识，使之成为一种循环的形式，让学生在游戏的导入中对知识感兴趣，以游戏助推学生学习，再用游戏巩固。	利用游戏直接导入教学内容，在做游戏的过程中，引导学生关注内容，并在学生做游戏过程中适时引导。	游戏阐明较清楚，但是游戏选取过量，在学生做游戏时，更关注娱乐，在引导学生关注教学内容上有所欠缺。	游戏过多，只是为了引起学生兴趣，而不能适时停止游戏，引申教学内容。	0.1
美妙歌曲，轻松快乐	教师在英语课热身环节中放一些符合学生年龄特点，曲调欢快、节奏鲜明，符合小学生情绪记忆并且与教学内容相关的英文歌曲；学生们会自然地进行哼唱，既有利于培养学生语感，更有助于学生能快速进入到英语学习当中；与教材内容相结合运用音乐进行导入，可以给学生明确的导向，易于激发学生的情绪和兴趣，歌曲与新课内容又紧密联系，使小学生能在悦耳的音乐中无意识地感知新课内容，一举多得。	歌曲可以让学生放松心情，也有助于让学生感到新的教学内容，很顺利进入到新课的教学中。学生跟唱很积极。	歌曲选择较明快，有韵律，但与教学内容相关性较少。	歌曲运用，只是为了唱歌而唱歌，与教学内容没有关系。	0.1
创设情境，走进生活	情境与教学目标密切相关，能引起学生注意，激发学生的兴趣；在创设问题情境时富有情感，能感染学生，引起学生思考，引发学习激情，时间把握得当。	情境的创设与教学目标相关，能引起学生注意；在创设问题情境时有情感，能感染学生，引起学生思考，时间把握得当。	情境创设与教学目标有些关联，能引起学生注意；在创设问题情境时能引起学生思考，时间把握得当。	情境创设与教学目标无关；创设的问题情境没有引发学生思考。	0.2

续表

要素	优秀	良好	尚可	需努力	权重
直观导入，快速高效	教师将课程导入与情境营造结合在一起，以开门见山的形式，直接表意，导入过程很自然，并且使得教师瞬间吸引住学生们的注意力，拉近了与学生的距离，适时地激起学生的兴奋点，使其融入新课的学习中。	教师导入直抒其意，能使学生很快进入到新课中。导入环节较自然。	教师直接表达新课要讲述的主题，也能激起学生的兴奋点，但是不太自然。	教师直接叙述新课内容主题，很唐突。	0.05
源于生活，激发兴趣	教师利用学生生活中的背景知识和一些生活中的常识或是与生活贴近的事例，激发学生的原有认知，进行思考，自然贴切地进入新的教学内容或是主题。	教师能够利用生活中的事例，激发学生思考，引发原有认知，较快地进入新知的学习中来。	教师列举生活中的一些事例，能够引起学生注意到新知的学习中来。	教师列举的生活事例较勉强，未能激发学生思考，对新知的学习作用不大。	0.1
平等对话，亲切自然	通过一定的方式确认、强调学习目标，对实现学习目标的方法和途径进行指引，使学生做到心中有数，形成学习期待。	通过一定的方式确认、强调学习目标，对实现学习目标的方法和途径进行指引。	通过一定的方式确认、强调学习目标。	没有学习目标的确认和方法的指引。	0.1
备注					1

第四章

提问技能

学习目标

- 表述：什么是提问技能
- 了解：提问技能在课堂教学中的作用
- 比较：提问技能与其他教学技能的区别和联系
- 分析：提问技能的构成要素
- 应用：提问技能的具体表现
- 掌握：提高提问技能的训练方法

第一节　提问技能的定义及说明

一、提问技能的定义

课堂提问技能，即教师运用有效性问题引发课堂教学中师生开展多边交流、思考、研讨等活动的一种专业教学技能。教师通过课堂提问，能够了解学生的学习状态，启发学生思维，使学生理解和掌握知识、发展能力的一类教学行为。

二、提问技能的说明

课堂提问是在课堂教学过程中，教师根据教学目的、教学内容、学生情况等设计问题进行教学问答的一种教学方法。可以说，每一位教师都要用到课堂提问，每一堂课都少不了课堂提问。

新课程理念对课堂提问提出了新的要求，就是要以培养学生的问题意识为核心，以发展学生思维和创新能力为目标，进行有效的课堂提问。即教师在精心预设问题的基础上，在教学中创设良好的问题情境，在教学中生成适当的问题引导学生主动思考和参与对话，全面实现预期教学目标。

课堂提问技能是一项综合性技能，既体现出教师的个人素养与修养，如语言的运用，人际关系的处理等，又反映了教师的课堂教学理念，如：教师是引导学生自己探索问题的答案，还是牵着学生的鼻子让学生亦步亦趋跟着走。

课堂提问技能也是一项基本教学技能，它广泛应用于教学的各个环节，并大量整合于导入、观察、讲解、结束等教学技能的设计与实施之中。

课堂提问技能不是单纯的心智技能或动作技能，而是二者相互配合，共同作用的一种教师教学基本技能。课堂提问技能的心智技能包括：教师能够根据教学目标、教学内容和学生情况设计不同层次、类型的问题，并能够在课堂中选择恰当的提问时机、回答问题的对象和方式（学生单独回答、全体回答、小组讨论），能够根据学生对问题的回答进行正确的反馈和引导。课堂提问的动作技能包括：教师在课堂上提出问题时的语气、表情、停顿、手势、走动等行为。

三、提问技能的类型

根据学生回答问题所进行的认知过程以及认知过程的六个维度，可以将课堂提问相应地分为记忆型提问、理解型提问、应用型提问、分析型提问、评价型提问和创新型提问六类。

1. 记忆型提问

记忆型提问要求学生回忆或再现所学知识。这种提问是最低认知层次的提问，是教师用来考察学生单词、时间、地点等基础知识记忆情况的常用提问方式。这些要求学生回忆或再现的问题能够激发学生最低层次的认知加工过程，知识的记忆对有意义的学习和问题的解决是非常重要的。

在记忆型提问中，教师通常使用的提问动词有：说出、写出、辨认、选择、识别、匹配、分辨、识记等。

提出这种类型的问题时，教师最好能够把问题放在一个有意义的学习情境中提出，如果学生能够在更复杂的认知环境中运用这些知识，就能够更好地记忆并重现这些知识。

例如，教师想让学生复习有关食物的词汇，可以出示 restaurant 的场景图，提出问题“Where are they？What can they have？Can you give them some suggestions?”从而激活学生对与 restaurant 相关单词的记忆，让学生自然而然地说出有关“food”的单词。

因此，教师要注意将这类问题放在“构建新知识或解决新问题的大背景下”。

2. 理解型提问

理解型提问要求学生通过对已学过的知识或者从文本中获得的信息进行回忆、解释、举例、分类、概括、推论、比较或说明等，将知识重新组合，对学习材料进行内化处理，组织语言表述出来。与记忆型提问相比，理解型提问需要学生进行更多的思维活动。

在理解型提问中，教师经常使用的提问动词有：读（图、表）、回答；举出（例子等）；得出（什么样的结论）；叙述、阐述、比较、解释、转换、预测、推理、总结、分类等。

例如：“Why did the lion make such a sound‘GRRR’?”学生用语言表达对所读绘本文本和插图的理解；“Suppose you were the lion，what would you do to the

mouse then?”学生进行画面外想象，做出推理与预测。

3. 应用型提问

应用型提问要求学生把所学知识、规则等知识应用于问题情境中，通过一定的程序或步骤解决问题。应用型提问与理解型提问的区别在于应用型提问只给问题情境或学习任务，由学生自己去选择所需要的知识、规则来解决问题，而理解型提问是学生应用所给的知识概念、规则或原理完成任务。

应用型提问既可以引导学生通过解决具体问题巩固学过的知识，也可以促使学生去学习、探讨新领域的知识。学生思考回答这类问题，不仅要理解有关知识的内涵，还需要具有选择和运用已掌握的知识自己去解决问题的能力。

在应用型提问中，教师经常使用的提问动词有：发生、应用、运用、解决、执行、实行、施行等。例如，教师提问：“In order to find your things easily in the morning，where should you put them in the evening before you go to bed?”学生回答：“We should put …on/in/under …”

4. 分析型提问

分析型提问要求学生分析知识结构因素，弄清概念之间的关系或者事件的前因后果，最后得出结论。一般是已经有了结果，要求学生找出产生这种结果的原因，以“为什么”为主要特征。学生必须能辨别问题所包含的条件、原因和结果及它们之间的关系。学生仅靠记忆并不能回答这类提问，必须通过认真的思考，对材料进行加工、组织，寻找根据，进行解释和鉴别才能解决问题，属于高级认知问题。分析型提问对于学生掌握知识和发展思维能力有非常重要的作用，是所有学科的一个重要认知过程。

在分析型提问中，教师经常使用的提问动词有：对比与比较、分析、为什么。例如：“Why Kipper was upset after he swallowed his tooth?”“Compare the lion’s and the mouse’s words to each other，what do you get?”

5. 评价型提问

评价型提问要求学生运用准则和标准对观念、作品、方法、资料等做出价值判断，或者进行比较和选择。学生需要运用所学内容和各方面的知识、经验，并融入自己的思想感受和价值观念，进行独立思考，才能回答。它要求学生能提出个人的见解，形成自己的价值观，因此，对评价提问的回答是一种高级思维形式。

在进行评价型提问前，需要学生建立正确的价值观念、思想观念，或给出判断评价的原则，作为进行检查或判断的依据。

在评价型提问中，教师经常使用的提问动词有：批判、判断、评价、分级、评估、证明、辩护等。常用的句式有：你的……标准是什么？哪个更……？你对……有什么看法？例如："How does the story make you feel?" "What can we learn from the story?"

6. 创新型提问

创新型提问是为了培养学生的求异思维能力。要求学生发现知识之间的内在联系，并在此基础上使学生把教材内容的知识、信息等重新组合。它们是开放性的，正确答案不止一个，并且通常不大可能事先预测正确答案究竟是什么。这种问题要求学生运用想象力，通过创造性思考，得出独特的答案。这种独特性并不是异想天开，它要求答案能顾及到事实之间的基本联系，并且又要摆脱简单回忆所学知识的束缚。这种提问可以激发学生的想象力和创造力。

在创新型提问中，教师经常使用的提问动词是：预见、创作、总结、产生、计划、设计、构建、开发、生产、提议、发明、建构，等等。常用的句式有："假如……会……""如果……会……""结合……谈……""根据……你能想出……的解决方法""我们怎样证明或确定"，例如："If you were Alfie，how would you do to get the cookies?" "If you were the foods in the kitchen，what would you do to fight away the rat?"

按照提问的目的，可将上述六种提问类型划分为检查知识和创造知识两大类。检查知识的问题一般只有一个正确答案，学习者用所记忆的和对知识的理解照原样回答即可，不需要更深入的思考，对学生回答的判断也较容易，只简单地分为正确或错误，这类问题被称为低级认知提问。记忆型提问、理解型提问、应用型提问属于低级认知提问。创造知识的问题是能够在学习者的内心引起认知上矛盾冲突的问题，通常不是只有一个正确的答案，答案需学生自己思考，判断时是根据提问的意图，判断答案是否有道理，有无独创性，或者在几个答案中比较哪一个更好些。因此，这类问题又被称为高级认知提问。分析型提问、评价型提问和创新型提问属于高级认知提问。

第二节　提问技能要素及操作要点

一、提问技能要素及说明

1. 核心问题

核心问题是指一节课中每个教学活动要解决的主要问题，是课堂提问问题设计的主线。

2. 问题链

问题链与核心问题密切相关，是围绕核心问题设计一系列不同类型的问题，有条不紊，前后贯通，使所有问题成为一个整体系统，从不同的认知层次引导学生进行思维，逐步达成对核心问题的共识。

3. 提问措辞

提问措辞是指教师在提问过程中的语言应用，包括提问引导语、提问用词、表述问题，是教师提问技能在课堂上提出问题时的展现。

4. 停顿节奏

停顿节奏是指教师在一个完整的提问过程中要有必要的等待时间和合适的语速。

5. 合理分配

合理分配是指教师的提问应该有计划、有目的地在全体学生中分配。

6. 反馈探询

反馈探询是指在学生初始回答问题后，为了帮助学生对最初的问题形成更合适的答案，教师要对学生的回答给予恰当的回应。

附：提问技能要素与指标。

提问技能要素与指标

要素	评价内容	指标 1	指标 2	指标 3
核心问题	教学活动的核心问题	每个教学活动都有明确的核心问题。	核心问题指向教学目标。	

续表

要素	评价内容	指标 1	指标 2	指标 3
问题链	问题层次 问题情境 问题的量	针对核心问题有不同层次的提问。	提问由浅入深；根据学生情况有不同类型的问题。	问题的量适度；有生动富有情趣的问题情境。
提问措辞	引导语 提问用词 表述问题	提出问题之前有恰当的引导语。	提出问题的语言清晰、生动。	提出问题的时候与学生进行眼神的接触和交流。
停顿节奏	提问时机 提问等待 提问节奏	提出问题后，根据问题难易有适当的停顿。	提问的语速和节奏根据不同层次的问题有所不同。	在学生回答问题后，根据问题难度和回答的情况能够等待。
合理分配	学生的选择 教师的位置	提问面向全体学生，不同程度的学生都有机会回答问题。	提出问题的时机恰好。	教师适时地变换位置，让更多的学生进入到教师的中心视野。
反馈探询	提供帮助 反馈 对话 表扬	学生回答问题后有一定的反馈。	学生回答错误时，能恰当地给予学生帮助。	抓住机会鼓励学生提出问题；适时地将提问和对话相结合，追问，引导学生进一步思考。

二、提问技能的理论依据

1. 皮亚杰的平衡化教学过程——提问如何引导学生有价值的思考

皮亚杰（J. Piaget）是瑞士著名的心理学家，他提出了有名的“发展阶段说”。他认为，人的认识，自降生以来要经历若干不同质的阶段而达到成人的完成阶段。各阶段之间有其独特的逻辑，有一贯性。处于某一阶段的儿童的认识方式是从前一阶段派生出来，而又引导后一阶段的认识的。这种阶段顺序是不容颠倒也不能超越的。因此，成人与儿童的认识上的差异，不独是知识量上的差异，更重要的是认知结构（质）上的差异。

在此基础上，皮亚杰用平衡化过程来解释学生对外界刺激的心理变化过程。皮亚杰把儿童在各个阶段的逻辑叫作“图式”，完全按这一图式逻辑解释外界刺激的意义，谓之同化。但是当儿童能动地作用于外界，发现在他的原有图式中不能同化外界刺激时，儿童就得变更图式本身，这就是调节（或称顺应）。新的图式产生出来以便同化外界，形成一种平衡状态，这个过程就是平衡化过程。新的

图式是否能够产生，不仅与外界刺激有关，而且还取决于儿童所处的心理发展阶段。

以这一理论为基础的教授过程称为平衡化教学过程。这一教学过程有三个要点：

（1）在同化作用中，摄入外界的图式是必要的。向学生提示与其原有的图式全然无关的教材，不会产生同化作用。更通俗地说，考虑儿童的发展阶段与思维方式的教材提示是重要的。

（2）促进调节作用的教材提示，会引起发展。只有同化不会产生发展。提示略高于学生思维水平的教材，使学生产生认知矛盾，可以促进学生认识的发展。

（3）这种不平衡状态是不稳定的、总要求得平衡状态。这就叫作平衡化过程。在皮亚杰看来，有效的教育操作，最终是要使学生产生不平衡状态，而适当的平衡状态是否产生，则依存于学生各自的发展水平。所以说皮亚杰的理论是教育依存于发展的理论。

皮亚杰的理论对提问技能如何才能引起学生有价值的思考有指导作用。“发展阶段说”说明提问中对学生所要求的思考任务应该符合学生相应发展阶段的思维方式。这包括在一系列的提问中，那些用学生已有的图式就可以完全同化的问题也是有价值的，例如记忆型的问题。而且在一个问题中，问题的条件应该是学生已有的图式可以完全同化的。在问题的思维任务中，如果没有学生可以直接同化的成分，则问题的解决就失去了必要的条件。“平衡化过程”说明只有同化没有调节的提问不能促进学生认识能力的发展，所以在教学中应该有引起学生认知结构发生变化的问题，这类问题的作用就是要使学生产生不平衡。

2. 认知层次理论——提问类型划分的依据

教师在构思问题的过程中，不仅要考虑学生的答案中可能包含的内容，而且应当了解学生在回答问题的时候应用的思维类型或过程，从而来确定问题的类型。“布鲁姆的教育目标分类”可以用来帮助教师区分不同种类的思维或认知方式，从而在教师设定教学目标、设计教学活动、进行教学评价时，帮助教师形成促进学生学习的有效问题。同时，“布鲁姆的教育目标分类”也可以帮助学生理解教师所提问题的要求，理解怎样形成自己的问题。

2001 年，“布鲁姆的教育目标分类”进行了重新修订，对原来分类法的六个维度：知识、理解、应用、分析、综合和评价进行了适当的修改，变化成用动词来进行分类，分为记忆、理解、应用、分析、评价和创造六个维度，这也与我们教学目标设定时要用行为动词相一致。因为思维本身就是一个动词，在每个认知维度上提供了两个或更多具体的认知过程，并对认知过程进行了描述。

（1）记忆。

记忆是人脑对过去经验中发生过的事物的反映，是新获得行为的保持。记忆是最低层次的认知加工过程，这一层次所涉及的是具体知识或抽象知识的辨认，用一种非常接近于学生当初遇到的某种观念和现象时的形式，回想起这种观念或现象。记忆通常是由要求学生再认或重现信息的问题所激发，记忆对有意义的学习和问题解决非常重要。由于记忆，人才能保持过去的反映，使当前的反映在以前反映的基础上进行，使反映更全面、更深入。也就是有了记忆，人才能积累经验，扩大经验。如果学生能够在更复杂的认知环境中运用知识，就更能够记忆并重现知识。

（2）理解。

理解就是利用已有知识、经验获取新的知识经验，并把新的知识经验纳入已有的知识经验的系统之中，使“输入的知识被整合到已有的图示和认知框架中”。理解能够帮助学生在新知识和已有的知识和经验之间建立联系，从而使学生能够将记忆类的信息运用到新的环境中。

理解可以被看成是通向迁移的桥头堡，同时也是最广泛的一种迁移方式。不管是口头的、书面的信息还是图表图形的信息，不管是通过讲授、阅读还是观看等方式，当学习者能够从教学内容中建构意义时，就算是理解了，即学习者在对将要获得的“新”信息与原有知识产生联系时，他就产生了理解。

（3）应用。

应用就是在给定的情境中运用不同的程序完成操练或解决问题。完成操练是指这样一种任务，学习者已知如何运用适当的程序，已经有了一套实际去做的套路；解决问题是指这样一种任务，即学习者最初不知道如何运用适当的程序，因而必须找到一种程序去解决问题。

（4）分析。

分析就是将学习材料分成不同的部分，并确定这些部分怎样与彼此联系，以及与整体结构或目标相联系。将材料分解为其组成部分并且确定这些部分是如何相互关联的。这一过程包括了区分、组织和归属。虽然有时候也将分析作为独立的教育目标，但是人们往往更倾向于将它看成是对理解的扩展或者是评价与创造的前奏。

（5）评价。

评价就是在各种标准的基础上进行判断。评价包括了核查（有关内在一致性的判断）和评判（基于外部准则所做的判断）。尤其要指出的是，并非所有的判断都是评价。实际上，许多认知过程都要求某种形式的判断，只有明确运用了标准来做出的判断，才属于评价。

（6）创造。

创造是将要素整合为一个内在一致或功能统一的整体。这一整体往往是新的“产品”。这里所谓的新产品，强调的是综合成一个整体，而不完全是指原创性和独特性。“理解”“应用”和“分析”虽然也有整体和部分之间的关系，但它们主要是在整体中关注部分；“创造”则不同，它必须从多种来源抽取不同的要素，然后将其置于一个新的结构或范型中。

在实际运用的过程中，这些认知过程彼此协调来促进有意义的学习。大多数真实的学习任务需要若干认知过程协调运用。我们将在后面第四节“案例分析”部分通过具体教学案例来分析认知过程的相互作用。（参见第四节“案例分析”之案例1：分析认知过程的相互作用）

三、提问技能要素的操作要点

1. 核心问题的确定方法

教学目标是教师教学设计和课堂教学的学习指南，教师每堂课都要根据课程标准和教材内容确定教学目标。而教学目标的设定要求行为主体必须是学生而不是教师，行为动词必须是可测量、可评价、具体而明确的。因此，可以从教学目标来确定学生达到该目标需要涉及的认知层次。

2. 问题链的设计方法

每个教学活动的核心问题确定之后，在具体分析解决核心问题的基础上还可以提出哪些拓展和延伸问题，同时还要考虑不同层次的学生在这个教学活动中应该回答什么样的问题，这样可以合理地分布一节课中的不同认知层次问题，避免盲目性和随意性，从而提高提问的有效性。

（1）方法一：分析核心问题。

解决核心问题是设计问题链的目的，可以从以下几个因素分析核心问题。

第一：核心问题的目标，即在某个情境下想要干什么。

第二：个体已有的知识经验，即学生已经具备了哪些有关知识技能。

第三：存在的障碍，即需要解决的问题。

第四：采用的方法，即可用于解决问题的程序、步骤、策略等。

（参见第四节“案例分析”之案例2：如何分析核心问题）

（2）方法二：问题连续体教学设计工具。

如果核心问题是具有上下位关系的知识内容，可采用“问题连续体教学设计工具”设计问题链。问题连续体是美国亚利桑那大学琼·梅克（June Maker）教授提出来的，“问题连续体教学设计工具”把问题按解决该问题所需的创造性的程度来划分等级：即从教师和学生两方面，就问题本身、解决问题的方法、答案这三个维度的已知或未知状况，从问题、方法、答案是唯一的、系列的，还是开放的，这些不同层次，把问题分为五个类型。

问题体系表

类型	角色	问题	方法	答案
第一类	教师	已知	已知	已知
	学生	已知	已知	未知
第二类	教师	已知	已知	已知
	学生	已知	未知	未知
第三类	教师	已知	一系列的	一系列的
	学生	已知	未知	未知
第四类	教师	已知	开放的	开放的
	学生	已知	未知	未知
第五类	教师	未知	未知	未知
	学生	未知	未知	未知

第一类问题主要是事实水平上的问题，是个体范例。对这个案例，教师对于问题、方法、答案是知道的，学生对于问题与方法也是知道的，但答案是未知的。从学生的思维过程来讲，是一个感知的过程。

第二类问题还是基于事实水平的问题。与第一类问题相比，学生对于解决问题的方法和答案是未知的，而教师都是已知的。学生在这里要学习与第一类问题里相似的几个问题，从思维过程来讲，它不单单是感知的过程，更是一个比较、

分类的过程。

第三类问题以掌握规律、形成概念为目标，要上升到学科概念，又要使其具体化。从思维过程来讲是归纳与概括的过程。

第四类问题运用所掌握的概念、规律或原理，解决以主题范围内的定向问题为目的。引导学生发散思维，主动参与，互动合作，解决问题。

第五类问题：在主题范围内自行发现与主题相关的综合性问题，自行提出解决方案，解决问题。要求学生不仅要提高解决真实问题的能力和创造性，同时要实现对人、对世界的态度、情感和价值观。

（参见第四节“案例分析”之案例3：如何设计问题链）

3. 提问措辞的应用

（1）导引语。

导引语是教师用以引出问题的语句。教师在讲出问题之前所用的过渡性语言，如：“你能不能告诉大家你最喜欢哪个季节？原因是什么？”在这里“你能不能告诉大家”就是导引语。教师当然可以直截了当地提出问题，但使用导引语会使提问显得和缓，从而给学生一种和蔼的感觉。特别是用“请”作为导引语，更可以表现出教师亲切友好的态度。如教师在提出问题前先这样讲：“下面请大家思考这样一个问题……”或“有这样一个问题我们请一位同学来回答……”等等。导引词也可起推动和激励学生积极回答提问的作用，如教师在提问前这样说：“下面有一个问题需要大家思考，咱们看谁能最先举手回答。”再如：“老师现在要问一个比较复杂的问题，咱们看哪位同学能正确回答……”等等。

（2）提问措辞。

措辞是指问题设计的语言要准确、明白、简洁，问题的表述要适合全体学生的心理发展水平和知识能力水平，使学生能较快地做出反应。尤其是提问问句的措辞，直接影响到学生思考问题时的思维活动。问句的措辞不同，问题的性质就可能发生变化，如问句：“你能举一些表示颜色的单词吗？”“能”这个字眼就把问题界定在封闭状态，学生可能会直截了当地说“不能”。但是，如果教师这么问：“说说看你都知道哪些表示颜色的单词？”“知道”和“哪些”两个词就把问题放置到一个开放的境界上，一方面排除了学生拒绝回答的可能，另一方面也充分体现了教师对学生的信任，有助于学生自信心的建立，学生会欣然打开记忆之门，整理思路努力回答问题。同样一个问题，用不同的措辞表述，使得本来是封闭性的问题具有了一定的开放性，给了学生更多的思考余地。

教师有些习惯性的问句，往往会导致在课堂上提出太多封闭性的问题，占用很多课堂时间，却不能起到促进学生思维的作用，如：“你知道吗”“你懂不懂”“是不是”“你会吗”等。其实，换一种提问措辞，这样的问题可以转换成开放性的问题，如，“你知道吗”如果变成“说说看你知道……”“你懂不懂”“你会吗”变成“你来试试……”等，这样提出问题，可以促使学生进行真正的思维活动。

（3）表述问题。

教师在表述问题的时候要使用简洁自然的、与学生认知水平相符合的课堂语言，而不是日常语言或太专业的学术语言；以充满感情的语言提出问题，语言要清晰、生动，言语中要透露出关怀。表述问题的语速要适中，适合学生年龄特点。提出问题的时候要环视课堂，并和学生进行眼神的接触和交流，示意对他们的回答很感兴趣。

4. 停顿节奏的把握

提出问题后的等待和学生回答问题后的等待是新教师容易忽视的提问过程，希望能够引起注意，并通过不断的暗示练习，形成提问等待的习惯。

（1）提出问题后的等待。

研究发现，很多教师在提出问题之后，几乎不到1秒钟，就要求学生进行回答，对于成绩较差的学生等待的时间甚至会更少。在没有马上得到一个答案的时候，就会下意识地给学生提出一个引导性的问题。教师提出问题后，学生需要倾听并理解所提出的问题，不仅要理解问题的意义，而且需要理解回答问题所需的思维水平，然后组织语言回答问题。这些步骤的完成，不同的学生会花费不同的时间，因此，教师在提出问题之后，一定要有一个等待的时间。在等待时间之内，教师不需要讨论、启发、重复该问题，要保持安静。时间的长短取决于问题的难度，以及学生思考和参与的方式。研究者已经发现，将等待时间延长到3~7秒，会产生令人兴奋的效果：学生给予更长的回答，回答“我不知道”的次数减少了，更多的学生参与回答，学生的回答更自信，而且纪律情况得到了改善。

新教师可以采用提出问题后，默数5~7个数的方法来保证提问后的等待，慢慢地就会形成提出问题后等待的习惯。

(2) 学生回答后的等待。

大部分教师在学生做出回答后，马上给予反馈，或继续下一步。研究者发现，如果在学生回答问题后，能够等待 3 ~ 5 秒，给学生一段思考的时间，学生倾向于对他们的答案进行详细阐述，他们的答案会变得更加复杂，他们会用证据来支持他们的答案。有时，他们可能开始对自己的答案发问，对自己的答案进行评价，这表明学生在进行更深一步的思考。同样，这段等待时间能够让教师思考对于学生有帮助的反馈。

研究还表明，高水平的问题所要求的脑力活动越复杂，往往会要求更长的等待时间。同时，等待时间的增加能够导致教师和学生的口头问答在更高的认知水平上。另外，等待时间的应用和问题的水平之间也存在某种联系。因为学生的回答更长更复杂，教师们也会提出更少的问题。随着思考时间的增加，教师往往会提出更高质量的问题。

新教师在学生回答问题后往往容易马上进行反馈或继续其他内容，基于此，教师在学生做出回答之后，要暗示自己不要着急，有意识地等待几秒钟，慢慢就会养成这种等待的习惯。

(3) 语速。

关于提问的语速，是由提问的类型所决定的。低级认知提问由于问题比较简单，可以用较快的速度叙述。而高级认知提问是针对比较复杂的问题，除应有较长时间的停顿外，还应仔细缓慢地叙述，以使学生对问题有清晰的印象。如果以较快的节奏提出比较复杂的问题，学生很可能听不清题意，就会造成混乱或保持沉默。另外，还要注意学生的年龄特点，在低年级教学中提出问题的时候要适当放慢速度，并要在语气和表情上适合孩子的特点。

5. 合理分配的方法

(1) 选择回答问题的学生。

教师提问要面向全体学生，所提问题要具有覆盖性和普遍性。在任何一个班集体中，学生性格特点及对问题的理解程度等都是各不相同的。有些学生理解力强，并善于发表自己的见解，他们往往在教师提出问题后很快举手要求回答，教师对答案也比较满意。教师对这样的学生注意较多，乐于让他们回答问题。有些学生理解问题并不慢，可不愿在众人面前表现自己，一般不积极要求回答问题。还有一些学生学习成绩较差，又不善于表达，他们往往不主动举手要求回答问题，或根本不想回答。于是，教师往往对后两种学生注意较少，这就有意或无意地把班级分为一小组积极参加者和一大组被动学习者。为了调动每一个学生学习的积极性，让他们主动参与教学过程，教师必须对提问进行适当地分配。

教师要针对不同的情况来选择回答问题的学生。如果问题是为了判断学生的理解程度，从举手的学生中选择回答问题者，可以了解到学习比较好的学生对知识的理解情况，提问一个成绩比较差的学生，可以判断是否所有的学生都准备好进一步学习；如果是具有针对性的问题，则选择问题所针对的学生；比如：提问一个思想开小差的学生，能够规范他的课堂行为。如果问题是为了促进学生思维，是泛指性问题，教师尽量让所有的学生都参与到回答问题的行为里，小组讨论或按顺序提问，让学生知道不管他们举不举手，有没有认真学习，都可能被叫起回答问题，这样，学生更能长时间地维持不间断的积极性。

要建立一种课堂规范，指出每个学生都应当具有回答问题的机会，所有学生的回答都是重要的。要向学生明确提问的目标对象是班级全体学生，以此促进所有学生都进行思考。例如，教师可以在每张小卡片上写下每个学生的名字，然后随机抽取一张，这样所有的学生都有机会和教师交流，并取得成功的机会。同时，为了维持他们对课堂的参与，要让所有学生保持警觉，使他们意识到自己在任何时候都可能被叫到。变换叫答技巧，以随机叫学生来回答问题也不失为一个好方法。

（2）教师的位置。

研究表明，学生在教室里所坐的位置决定了学生能够和教师进行互动的多少。大部分的口头互动来自于前排和其他排中间位置的学生，因为他们处在教师的中心视野中。为了让所有的学生都能够参与问题的思考，教师要有意识地在课堂里走动，每隔几分钟就站在一个不同的位置上，从而让没有坐在教师视野中心位置的学生进入到教师的中心视野。还可根据教学情况，走近发言的学生或积极性不高的学生，使所有的学生都能感觉到教师的关注，激发学生参加学习和回答问题的积极性。

6. 反馈探询的方法

学生的初始回答，往往不够全面，不够准确，甚至有错误，需要教师纠正错误，将学习引向深入；学生在讨论问题时，需要教师应用适当的策略引导讨论方向，保持学习顺利进行。反馈探询不仅可以帮助学生形成正确的答案，而更重要

的这是一个师生交流的极好机会。在交流中教师帮助学生厘清思路，加深对问题的认识，促进了师生感情，教师还能及时反馈信息。所以，教师在提问中要经常进行反馈探询。

（1）给学生恰当的帮助。

学生回答问题大体要经过倾听问题，理解问题，自我默答，说出答案四个步骤。学生回答问题遇到困难的时候，教师要判断学生是在哪个步骤上出了问题，并给予恰当的口头启发。

学生在倾听问题时遇到困难，可能是没有认真听讲，或有些学生集中注意力有困难，教师可能需要简单重复一下问题，或直接询问学生是否需要重复这个问题。

如果教师认为学生在理解问题上出现错误，可以提示学生："你能用自己的话描述这个问题吗?"或者："告诉我，你觉得这个问题在问什么?"如果学生仍不能理解，可转换提问的方式或变换提出问题的角度。例如："What day is tomorrow?"学生答不上来的时候，改变一种方式问："Today is Monday. So tomorrow is which day?"这样，学生就较容易回答了。很多学生在自我默答的时候需要帮助，他们不知道回答这个问题需要用哪些知识。学生说"我不知道"或"我不记得了"的时候，教师要给予必要的提示和线索，比如：提示关键词，或提出另外可能会引导学生得出答案的简单问题，或提醒学生学习过的相关材料，或学习该知识时的一些情境等；或将问题分解，采用层层递进，由浅入深，化难为易的方式提问。

（2）对于不正确回答的反馈。

学生在课堂上回答教师提问时，会受到心理、知识、语言、思维诸方面的影响，很难确切回答问题。不管学生的回答是否令人满意，教师都要给予恰当的反馈。尤其对于回答错误的学生，教师切莫冷眼旁观或让学生难堪，而要适时启发引导，理解学生的思想，给学生圆满表达自己思想的机会。

对于一些简单的、记忆性的问题，如果学生给出一个不正确的答案，教师可以直接告诉学生："回答是错误的。"可以再请其他学生回答。这种方式对于成就动机很强的学生非常有效，他们受到挑战会更加努力学习，但对于一些比较爱面子的学生来说，有时效果并不是太理想，他们可能感受到了伤害甚至是侮辱，从而导致学习动机、课堂参与的下降。所以教师要斟酌使用。

对于高级认知类型的问题，学生给出一个不正确的回答后，教师要带着对学生答案真正感兴趣，以及尊重学生思维的态度来探查、理解学生的思维过程，以便修正教学，帮助学生思维达到更高的层次。教师可以询问学生："你能告诉我，你这样说的原因吗?"或"你能告诉我，你是怎样得到这个答案的吗?"

当学生的答案模糊不清的时候，教师要进行澄清性的探查，帮助学生消除困惑，建立自信。教师可以询问学生："What do you mean by saying ..."或"Can you give me an example for that?"或"Can you say that in other words?"等。

(3) 对于不完整回答的反馈。

对于高级认知类型的问题，如果学生给出的回答基本上正确，但又不太完整或太宽泛的时候，说明学生回答问题的认知水平比问题要求的认知水平低，教师可以通过进一步的探查使学生回答得更加完善，从而帮助学生在已知的基础上达到更高的认知水平。如"Can you explain that in details? (你能说的更具体些吗?)""Can you give me an example for that? (你能对你所说的给出一个例子吗?)""Can you give me some information or examples to support your idea? (你能提供什么样的事实或证据来支持你的看法?)""What else do you know about that? (对于……，你还知道什么?)"等。

(4) 对于正确回答的反馈。

对于一些简单的、记忆性的问题，如果学生给出一个正确的答案，教师可以直接告诉学生："回答正确。"对于高级认知类型的问题，教师可能需要探查学生是否经过正确的推理，得出正确的回答。如："为什么你认为这是对的?""你有什么样的证据来支持你的答案?"等。

对于正确回答了问题的学生，根据情况，可以提出一些帮助学生进行深入思考的问题来引发学生的更多反应和问题，如："How do you know that? (你是怎样得出这个答案的?)""Can you use other expressions to answer this question? (你能想出其他表达方式来回答这个问题吗?)"等。

(5) 悬置问题。

如果遇到的问题，师生无法当课堂共同解决。教师应当诚恳地、实事求是地告诉学生，并建议师生共同查阅有关资料，共同探寻和研究，并在后续的教学中提及和解决，切忌敷衍，更不可恼怒。在随后的教学中要提及到该问题，一方面体现出教师对该问题的重视和负责。另一方面，也可以让学生看到自己对教学的贡献，产生成就感和自豪感，提高了他们课堂参与的主动性和积极性，从而促进了他们学业成绩的提高和思维水平的发展。

（6）恰当地应用表扬。

表扬是一种特殊类型的反馈，应用恰当能够积极强化学生的学习和行为。教师在应用表扬的时候，要注意表扬的频率、分布和质量。

研究表明，表扬需要的频率和表扬的强化程度会随着学生的年龄、发展和能力水平而变化。年龄较小的学生比年龄较大的学生更需要表扬；成绩比较差的学生比其他学生需要更多的表扬；而且，表扬一定要有充分的根据，并建立在事实的基础上，真诚地表达出来，才能够起到积极的强化作用。因此，在学生通过努力，回答了问题的时候，教师要根据学生的情况和特点给予及时的表扬，尤其要关注成绩较差的学生，在对他们进行表扬的时候，一定要进行具体的表扬，如："You could spell all the words right. Great！""Your intonation is beautiful. Wonderful！"等。

第三节　提问技能的训练方法

一、设计问题的策略

1. 创设问题情境

问题最好的载体是情境，新课程大力提倡通过创设问题情境来展开教学，这从新课程的理念和教材的编写方面都可以得到充分的反映。教师只有设计出活生生的现实情境并把学生引入其中，学生才会产生问题意识，才会引发他们对问题的思考。

因此，设计问题的时候，在根据教学目标、教学内容和学生的认知水平确定问题的基础上，把这些问题与学生的生活经验、悬念、矛盾等结合起来创设生动富有情趣的问题情境，能够更好地激发学生的兴趣，促进学生思维。（参见第四节"案例分析"之案例4：如何创设问题情境）

2. 问题的量要适度

这里的量包括数量和容量两个方面。课堂教学质量的高低，不能用提问次数的多少来评价。根据观察和研究，课堂提问的数量应按照课的类型（新授课、复习课）和结构来确定。一般认为，抽象理论内容的课提问宜少，授新课时提问宜少；具体知识内容的课宜少，复习课、巩固课提问可多些。但不能绝对化，可因

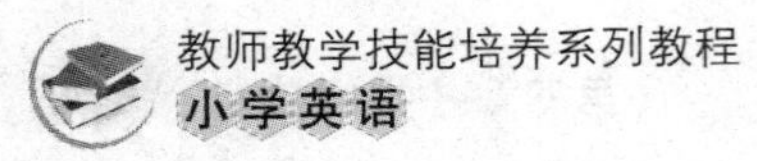

具体情况而定。

所谓容量，是指教师提问的问题要有一定的思维价值，所涉及的方面要尽可能宽广，要把握住适当的教学时机提出带有分析、评价、创新型的问题，这样才有利于激发学生的学习兴趣，培养学生的思维积极性。如果教师的提问没有容量，一个问题只需一两名学生回答即能解决，教师仍要多问，再问，就会造成课堂上一问一答的情形出现。这样，教师牵着学生鼻子走，不但会占用学生大量的时间，还会使学生产生厌倦情绪。

提问设计要精简数量，要重视提问的密度、节奏及与其他教学方式的配合。教师要紧扣教学目的和教材重点、难点，根据学生的实际情况，力求提问设计少而精，对问题进行合并、简化、删除，达到精简数量、加大容量和提高质量的目的。

二、提出问题的策略

问题设计得好，还要在课堂上问得好，才能像抛砖引玉一样，引发学生的思维，与学生开展有效的“对话”，从而促进学生高级认知能力的发展。本节我们学习教师在课堂上提出问题的策略，希望教师能将这些策略灵活应用在自己的课堂提问中，逐步形成自己独特的课堂提问风格，更好地组织教学。

1. 创设良好的课堂气氛

课堂气氛对学生的智力活动影响很大，创造良好的课堂气氛是启发学生积极思考问题的前提。民主、和谐、融洽的课堂气氛会使学生的情绪处于最佳状态，促使学生积极主动地思考问题；而过于严肃和单调、呆板的课堂气氛则会影响学生的学习积极性，抑制学生回答问题的欲望。

2. 确保学生的主体性

新课程改革要求教学要以学生为主体，教师的主导作用应当始终服从和服务于学生的主体作用。课堂提问是课堂教学的主要手段，尤其应当体现这一精神，在课堂提问中要从以下几个方面充分发挥学生的主体作用，确保学生的主体性。

（1）鼓励学生提出问题。

学生提出问题能够增强学生主体性，培养学生积极思考的习惯。学生的提问，是从学生个体的实际需要出发的，有利于发挥学生的主动性和创造性。爱因斯坦说：“提出一个问题往往比解决一个问题更重要。”“学起于思，思起于疑”，

学生有疑才能打破头脑中的平静，激起思维活动的波澜，学习才不会浅尝辄止，满足于一知半解。因此，教学中教师向学生提出问题固然重要，但启发学生自己提出问题则更为重要。教师要适时地引导学生提出问题，当学生提出一些教师意料不到的问题时，教师不能怕影响教学进度压制学生提问，堵塞学生思路。只要学生提问的思路是健康、积极、富有创新精神的，教师就应该支持鼓励，并当机立断地调整或改变自己的教学计划。对于那些不按教师设计的思路解答问题、别出心裁、另辟蹊径，而又得出正确答案、具有创新精神的学生，教师要给予充分的肯定和鼓励，不能把学生思维强行拉回到教师自己原先所设计的轨道上来。（参见第四节“案例分析”之案例5：鼓励学生提问题）

（2）将提问和对话相结合。

“对话”是提问的延伸，不是简单的一问一答，而是在提问的基础上，教师和学生、学生与学生之间形成相互问答，教师可以了解学生的思维过程，学生可以提出自己对问题的看法，“对话”体现了“关注每一位学生发展”的新课程核心理念。并不是每一个问题都能和学生形成良好的对话，通常，开放性的问题，涉及高级思维过程的问题容易和学生形成对话，教师在对学生回答进行反馈的时候，引导学生和教师对话。

对话中的教师，要善于通过对话来揭示学生的内心世界和内在的认知过程，要激发他们的参与欲望和表现热情。在对话和会话的过程中，教师既不要过于控制而影响学生观点的产生、影响思维火花的闪耀，也不要过于冷淡参与太少而放任自流，而是要刚好接近于促进课堂发展的恰当平衡。因此，教师提出问题，不到关键时刻，教师应坚持让学生回答，而且鼓励学生尽量用他们自己的语言回答，教师不能越俎代庖，否则教师提的问题会因为没有促成学生的内化而失去应有的价值，最终也就不能形成真正的对话。对于学生的回答，教师要认真评价。评价时最忌讳用“对”与“不对”这些封闭性的话语。

从某种意义上来说，对话可分为主题性对话和随机性对话，主题性对话就是事先设计好的对某一主题开展对话和讨论；而随机性对话就是在没有预设的情况下、在教学进程中随机地抓住某一话题开展讨论的对话（可能是最小单元的对话）方式。在平凡的教学中，捕捉和挖掘对话的时机和话题，开展积极的对话与会话，这种随机性对话实际上是课堂中对话的一种主要方式。像容易产生模糊的认识、错误的迁移、不同的理解、多样的方法的教学内容等都是开展对话教学的很好时机。

（3）要关注每一个学生。

教师要针对学生的不同程度提出相应的、有一定难度的问题，使学生都能在自己已有的知识水平上经过努力回答出来，得到相应的提高。教师所提出的问题，对尖子生可合理“提高”，对普通生可逐步“升级”，对后进生可适当“降级”。从而使全体学生都可获取知识的需要。为了让全体学生都积极准备回答教师所提的问题，问题提出后，宜留一定的时间让学生思考。然后或学生个别解答，或小组代表回答，或自由竞相抢答，这样有利于全体学生的积极参与，切不可只提问少数优生，而置大多数中间生和后进生于不顾，影响全班学习质量的大面积提高。特别要注意关心后进生，通过提出一些难度较小、估计他们经过努力能够回答得出的问题并及时加以强化，使他们也得到成功的快乐，从而增强信心。

有时课堂可能会出现以下这种情况：当学生们举手发言时，教师叫到一个没有举手的学生，请他说一说。当该学生站起来时，却诺诺地没有说话，但是此时其他的孩子已经急于表达自己的想法：“我”“我”“叫我说”。这时教师最好不要“放弃”这个学生，而是给他思考的时间：“我们安静，他在想。”该学生最后终于说出了答案，在他回答上来时，教师给予他充分的肯定。这种策略对于保护学生的思考积极性和回答问题的自信心有极其重要的效果。

3. 把握提问的时机

（1）选择恰当的时机。

孔子云：“不愤不启，不悱不发。”最佳提问时机，就是在学生的“愤”“悱”之时。这时提问定能促使他们积极思维，反复求索。

在实际教学中，教师可综合三个方面的情况，把握恰当的提问时机。首先，根据学生在学习过程中显示出的心理状态来提出问题。如当学生思维无法突破时；当学生无法顺利实现知识迁移时；当学生疑惑不解、一筹莫展时；当学生有所感悟、心情振奋、跃跃欲试时提出问题。其次，结合教学内容，创设恰当的提问情境，在教学内容的关键处、疑难处、精华处、矛盾处提出问题。再次，根据教学进程中的具体情况，如复习旧知识、导入新知识、由浅入深、师生互动等过程中灵活选择提问的时机。

（2）选择恰当的回答者。

教师提问既要有普遍性，又要有针对性，要因人而异，有的放矢。在选择回

答问题的学生的时候，教师要注意学生的神态表情：目视教师，神态自若，表明成竹在胸；眉头紧锁，苦苦思索，表明还没有考虑成熟；极力避开教师的目光，表明他心中无数，害怕提问。教师要根据具体的问题和提问的目的，选择恰当的回答者。对于已经举手，跃跃欲试的学生，可先点名发言。但又不能单纯以是否举手来选择发言对象。对一些性格内向的学生，不愿举手的学生，教师要多给他们一些发言的机会，使他们从中受到锻炼。对还没有准备和没有答题欲望的学生，不要强行提问，否则会被看成是有意和他过不去。因此，决不可以在此时提问他们。对这些学生当然不是放弃不管，而是在适当的时机，向他们提出难易适度的问题，逐渐培养他们回答问题的兴趣和能力。

4. 提问方式灵活多样

教师在课堂上可以采取灵活多样的提问方式，活跃课堂气氛，驾驭学生思维，丰富课堂教学内容，使提问不呆板，不落俗套，激发学生的学习兴趣和学习热情。

根据教学目的、问题的内容、学生以及课堂气氛等情况，可以采取以下不同的方式进行提问。

（1）直问。

“直问”就是直截了当地提出问题，属于叙述性提问，有助于集中学生的注意力。在引入新课，复习巩固及讲解分析时，常用直问法。例如“Do you know Helen Keller?”“How much do you know about her?”这种提问方式应用十分普遍。但是，这种提问直来直去，缺少趣味性，在一堂课中若运用太多而无变化，往往较枯燥，不容易活跃课堂气氛。

（2）诱导提问。

诱导提问是教师的问题含有诱导的信息，学生在教师的诱导启发下获得问题答案。诱导的方式可以是引起好奇，诱发兴趣；或设疑引导，诱发思考；或巧设情境，诱发想象和创造；或诱发情感，陶冶心灵；或提供思路、暗示结论；或进行比喻、类比，诱导学生按正确的方向进行思考。

（3）追问。

追问是在学生回答了教师提出的问题后，教师根据学生的回答，有针对性地进一步的提问。追问可以激发学生的兴趣，放大学生对问题的思考过程；教师也能够更加关注学生，启迪学生的思维。

要使追问有效，教师需要恰当地把握追问的时机、设计追问的问题。教师可以在以下教学时机处进行追问：

- 于闪光点处追问，发现学生的回答有独特的视角，可以顺着学生的思路问为什么这样想；
- 于深入点处追问，发现学生的回答有待深入的很好的想法或视角，可以继续追寻问题答案；
- 于欠思处追问，学生由于这种或者那种原因，在思考问题时，借鉴别人的较多，缺乏自己的见解，可以继续进行启发提问；
- 于歧义处追问，教师要善于发现学生对一个问题产生的歧义，巧妙地引发他们之间的争论，引导他们在争论中求真知。

不是学生所有的回答都要继续追问，有价值的问题才需要深入下去。因此，追问的问题应该是教师选择的问题，这种选择大多是课堂生成的，是难以完全依靠预设的。因此，教师的成熟度将制约对问题选择的合理程度，从这个意义上说，追问也是教学艺术的体现。（参见第四节“案例分析”之案例6：如何追问）

第四节　案例分析

案例1：分析认知过程的相互作用

学生在进行文本解读的过程中，需要的认知层次：

层次	认知过程	认知任务
理解层次	解释	理解文本中的每个句子的意思。
记忆层次	回忆	提取文本信息所需要的知识。
分析层次	组织	形成对问题中的关键信息内在一致的表征。
应用层次	计划	拟定如何将文本中的信息应用到实际生活中。
创造层次	贯彻	贯彻计划。

下面以英语绘本故事“May I please have a cookie?”为例，来看授课教师提问的问题。故事讲述了鳄鱼妈妈做了香甜可口的曲奇，小鳄鱼 Alfie 想吃曲奇，直接伸手去抓（grab），妈妈却没有给他，而是让他“想一个更好的办法”来得到曲奇。小鳄鱼先后运用了乔装成调查员要曲奇、用鱼钩去钓曲奇、用纸

制作曲奇不同方式，但是都没成功。最终在妈妈的帮助下，他意识到用礼貌的语言表达才是人与人沟通最好的方法。在故事展开过程中，授课老师提了以下问题。

T：Look at the picture，what are they（Mom and Alfie）doing?

T：Then what did Alfie do to get the cookies?

这两个问题都是事实性问题，属于理解型和记忆型问题，学生只要阅读了文字就能回答。

T：Did Mom give Alfie the cookies?（Ss：No!）

这个问题是教师组织教学的提问，即为了推进教学进程的提问，是为提出下面的问题作铺垫。教师需要注意的是，这种铺垫性问题都是浅显的，意义不大，如果问得过多，会消磨学生的注意力和阅读的兴趣。

T：Why didn't Mom give Alfie the cookies? /Why is it not a good way to get cookies?

这个问题属于分析型问题。学生要经过理解、分析等思维活动，才能作答。此处教师组织学生们分组讨论，表达自己的看法。

T：Guess what would Alfie do next to get the cookies?

这个问题属于预测型问题，唤起学生对绘本后续内容的好奇心和阅读的积极性。

T：If you were Alfie，how would you do to get the cookies?

这个问题属于应用型问题，同时也是创造型问题。同学们很热烈地探讨各种可能的办法，表达了各种各样有创意的观点。这样的开放性问题没有标准答案，但学生讨论、辩论、思考的过程，既是巩固提升相关语境中的语言知识与技能的过程，也是一个积极探究的过程，问题把学习内容与学生生活实际联系起来，提升了学生问题解决能力和创造能力。

在故事结尾处，教师提问：

T：How does the story make you feel? /What can we learn from the story?

这个问题属于综合型问题。教师在教学结尾设置故事评价环节，让学生分组讨论，谈论自己对故事的所思所感。这样的问题不仅要求学生对全文进行综合思考，还要做出价值判断，而且这样的提问很能激起学生的辩论心理，鼓励孩子对问题有独立的思考和独特的理解，发展审辨能力，逐步形成独立的人格。

以上案例反映出，在英语教学中，教师的提问从低认知水平的知识类、理解类到高认知水平的应用类、综合类，从学生答案的唯一性到认知的多元性，对有效地培养学生的批判性思维、促进学生认知水平的发展大有裨益。教师设计提问时可以将该认知层次图作为指导框架，帮助自己平衡不同类型问题的比例和提问的梯度，培养学生认知的多元性，推动学生的思维逐步向高阶发展。

案例2：如何分析核心问题

教学目标：学生能够正确使用句型“Where is …？”提问衣物的位置；能够准确地使用方位介词 on、in、under、behind 说出衣物的位置。

学情分析：尽管本课的句型“Where is …？It's …”是新知，但在近两年的学习过程中，学生在每课观察主题图时，都会接触 where 开头的疑问句，因此，学生对于该句型并不陌生。本节课出现的介词中，三个介词 on、in 和 under 在过去的学习中都有涉及。家具的词汇中，desk，box 和 bed 都是第三单元已知，而服饰词汇中，coat 和 cap 在一年级的语音部分都学过。因此，教师在本课中可以重点强调“I can't find it”的意思和正确输出该句子，同时对于介词 behind 和两种新的服饰 dress 和 shirt，将在本课重点强调其含义及读法。

教师的教学行为	学生学习行为	教学技能要素分析
问题 1：Look，the moon and the stars come out. It's Sunday evening. What day is tomorrow? 问题 2：T：Yes，Yangyang is going to school tomorrow（and attends a flag-raising ceremony）. He has a school bag，and some clothes. What are they?（Teacher takes a mini blackboard with：a cap，a dress，a red scarf，a school uniform，and a schoolbag） 问题 3：What does he need? Which one he doesn't need? Think for five seconds，and choose the one that he doesn't need. Then share with your partner. 问题 4：In order to find them easily，where do you put the four things?	回答出第二天的日期。 复习有关衣物的词汇，并通过情境和图片的帮助学习新词。 选出 Yangyang 第二天上学需要的四种物品；学生同伴交流。 深入思考	教师在板书上创设 Yangyang 睡觉前整理衣物的情境。 让学生从5件物品中挑选他明天需要用的4件，锻炼学生思维能力的同时，潜移默化地让学生学习衣物词汇和卧室中的家具。 学生通过交流明确：第二天要穿的衣物放在明显的位置，将不需要的衣物放在柜子或者抽屉里，培养学生整理自己物品的好习惯。 教师从回忆型提问过渡到分析型提问，即由低级认知提问过渡到高级认知提问，层层递进，促进了学生的思维参与，激发了学生的想象力和创造力。

案例3：如何设计问题链

在英语绘本分级读物《大猫英语分级阅读二级3》“The Lion and the Mouse”中，授课教师在图片环游到如下这幅图片时，借助问题链引导学生深入感知理解故事内容。

T：What happened to the lion?

Ss read the story and answer this question：“He was in a net.”

T：How did the lion feel?（体验人物情感）

Ss：The lion was very helpless/angry/afraid.

T：Look，the mouse came. What would the mouse do?（猜测故事情节发展，培养学生预测、推理等阅读策略）

S1：The mouse may laugh at the lion.

S2：The mouse may save the lion.

T：If you were the mouse，would you save the lion or not? Why?（联系学生自身，发表个人观点）

S1：I want to save the lion because he did not eat me just now.

S2：I want to save the lion because he let me go just now.

T：If you want to save the lion，how do you save him?（联系学生自身，培养解决问题的能力）

S1：I can use a knife to cut the net.

S2：I can open the net.

T：Guess，how would the mouse save the lion?（猜测故事情节发展）

S1：The mouse has big teeth. He can bit the net.

S2：He can open the net.

学生阅读下页文本，验证猜测。

T：The lion got out of the net. He was free. What would the lion say to the small mouse?（感受故事内容和人物情感）

S1：You're kind. Thank you!

S2：Thank you，mouse！You can jump on my back.

S3：Thank you little mouse！Let's be good friends.

通过以上教师的问题链以及学生给出的出人意料、精彩纷呈的回答与互动，可以看出，伴随着一系列的情境问题，学生逐步深入理解故事内容，学生在回答问题发表个人观点的同时，也提升了自己的阅读水平、语言表达能力，以及逻辑学、批判性和创造性思维能力。

教师在设计问题链时不仅要设计好单个问题，还要精心设计问题的序列，使问题以一定的逻辑顺序展开，从而不断推进学生的思维进度。

案例4：如何创设问题情境

学习目标	北京版小学英语二年级下册 Unit 4 Where is my shirt? Lesson 13	
教师行为	**学生行为**	**技能分析**
Yangyang在夜晚睡觉前准备第二天的衣物。教师准备了几种不同的衣物，包括课本中出现的四种衣物以及school bag和red scarf，让同学们帮助Yangyang找出他明天需要的衣物。 问题：What clothes does Yangyang need tomorrow?	学生结合生活实际观察教师所给衣物图片，进行选择。	通过创设情境，学生感受到熟悉和亲切，从而乐于解决思考这些问题，学生在情境中习得语言，能够运用语言做事情。
2. 教师引导学生将Yangyang需要的衣物放在卧室合适的位置。 问题：Where should Yangyang put the clothes?	学生结合自己的生活实际和已有经验提出衣物应放置的合理位置。	

案例5：鼓励学生提问题

学习目标	理解绘本故事《攀登英语四级 The Little Frog's Beautiful Jump》	
教师行为	学生行为	技能分析
提问1： What do you see in the cover of the story book?	生1：I can see the title. 生2：I can see a frog. 生3：I can see "井". 教师教授单词"well (井)"。	鼓励学生提问题的目的是调动学生的元认知，看看教学的起点在哪里，判断采用什么样的教学手段，让学生在学习的过程中带着问题思考。
提问2： What do you want to know about the story?	生1：Why does the frog want to jump out of the well? 生2：Can he jump out? 生3：What could he do after jumping out? 生4：How many times did he try to jump out? 生5：What's the frog name? (师：Fred) 生6：How old is Fred? 生7：Where are Fred's parents?	课程标准中提出要培养学生创新意识，而教师引导和鼓励学生自己发现和提出问题就是创新的基础。在这样的学习过程中，将学生发现和提出问题作为学习目标，也将发现和提出、分析和解决问题作为学习的途径，从而激发学生的学习兴趣和自信心，促进学生创新意识的发展。

分析：鼓励学生提出问题，可以帮助老师看清楚学生的认知起点，了解概念本身在学生心中的位置，看看学生的生活经验以及学习经验都是什么，便于教师进行后续的教学活动的设计。

案例6：如何追问

学习目标	理解绘本故事《攀登英语四级 The Little Frog's Beautiful Jump》	
学生行为	教师行为	提问分析
在阅读故事文本之前，引导学生进行提问：Why does the frog want to jump out of the well?	在学生提出此问题后，教师追问：How do you know that the frog wants to jump out of the well? 学生回答：I guess from the title "The frog's beautiful jump".	这种追问是逆向式追问，就是逆着学生的思维方式或知识的发生过程而追问，即教师在给予肯定性的评价后，回过头来问学生是如何得出答案的，是对学生思考的肯定。过程追问或对学习内容前概念的追问。
	然后教师继续面向全体学生追问：What do you want to know about the frog's jump?	这种追问是顺向式追问，是指顺着学生的思维过程进行的追问，即教师听了学生的问答后，再次发问，促使并引导学生就原来的问题进行深入而周密的思考，或由表及里，或由浅及深，或由此及彼，或举一反三，直到成为准确、细致、深刻的理解为止。

附　录　提问技能评价量规

要素	优秀	良好	尚可	需努力	权重
核心问题	每个教学活动都有非常明确的核心问题，核心问题指向教学目标。	每个教学活动都有明确的核心问题，核心问题指向教学目标。	教学活动有核心问题，与教学目标相关。	教学活动没有明确的核心问题。	0.23
问题链	针对核心问题有不同层次提问；提问由浅入深；根据学生情况有不同类型的问题；问题的量适度；有生动富有情趣的问题情境。	针对核心问题有不同层次提问；提问由浅入深；根据学生情况有不同类型的问题；问题的量适度；有生动富有情趣的问题情境。	针对核心问题有不同层次提问；提问由浅入深；问题的量适度。	没有高层次认知的问题，问题的思维深度不够。	0.11

续表

要素	优秀	良好	尚可	需努力	权重
提问措辞	提出问题之前有非常恰当合适的引导语；提出问题的语言清晰、生动；提出问题的时候与学生进行眼神的接触和交流。	提出问题之前有恰当的引导语；提出问题的语言清晰、生动；提出问题的时候与学生进行眼神的接触和交流；很少用“你知道吗”“你懂不懂”“是不是”等语言。	提出问题之前有引导语；提出问题的语言清晰；与学生有眼神的交流。	提问缺乏引导语；提问时与学生没有眼神交流；“你知道吗”“你懂不懂”“是不是”等语言较多。	0.19
停顿节奏	提出问题后，根据问题难易有适当的停顿；提问的语速和节奏适度，且根据不同层次的问题有所不同；在学生回答问题后，根据问题难度和回答的情况能够等待3~5秒。	提出问题后，根据问题难易有适当的停顿；提问的语速和节奏根据不同层次的问题有所不同；在学生回答问题后，根据问题难度和回答的情况能够等待3~5秒。	提出问题后，有适当的停顿；提问的语速和节奏根据不同层次的问题有所不同。	提出问题后，立刻叫学生回答，或重复问题。	0.13
提问分布	提问面向全体学生，关注个体，不同程度的学生都有适当机会回答问题；提出问题的时机好；教师适时地变换位置，让更多的学生进入到教师的中心视野。	提问面向全体学生，不同程度的学生都有机会回答问题；教师适时地变换位置，让更多的学生进入到教师的中心视野。	提问面向全体学生，不同程度的学生都有机会回答问题。	只提问举手的个别学生。	0.17
反馈探询	学生回答问题后有适当的反馈；学生回答错误时，能恰当地给予学生引导和帮助；抓住机会鼓励学生提出问题；适时地将提问和对话相结合，追问，引导学生进一步思考。	学生回答问题后有一定的反馈；学生回答错误时，能恰当地给予学生帮助；抓住机会鼓励学生提出问题；适时地将提问和对话相结合，追问，引导学生进一步思考。	学生回答问题后有一定的反馈；学生回答错误时，能恰当地给予学生帮助；适时地将提问和对话相结合。	学生回答问题后有反馈；学生回答错误时，能恰当地给予学生帮助。	0.17
备注					1

第五章

讲解技能

学习目标

- 表述：什么是讲解技能
- 了解：讲解技能在课堂教学中的作用、类型
- 比较：讲解技能与其他教学技能的区别和联系
- 分析：讲解技能的构成要素
- 应用：讲解程序实施讲解技能
- 掌握：提高讲解技能的训练方法

第一节 讲解技能的定义及特点

一、讲解技能的定义

教师根据教学内容特点和学生的认知规律，利用口头语言及配合手势、板书和各种教学媒体等，阐释事实、揭示事物本质，引导学生思维发展，指导学生学习的一类教学行为。

二、讲解技能的特点

从讲解的定义我们可以看出，讲解的依据是教学内容特点和学生的认知规律；讲解的手段是口头语言及配合手势、板书和各种教学媒体等；讲解的任务是阐释事实、揭示事物本质；讲解的目的是引导学生思维发展，指导学生学习。

在新课程实施的背景下，许多教师已经摒弃了单纯的讲授、讲述的方法，但讲解仍然是课堂教学中运用最广泛的一种教学方式。即使在强调学生主动参与的今天，现代化教学手段被广泛应用的时代，讲解仍然具有不可替代的作用，显示它独有的优越性和重要的实际意义。

目前，有人认为讲解技能是传统的受授式教学，新的教学理念要求教师转变角色，成为学生学习的引导者、指导者和合作者，讲解技能不应该再作为教师的基本技能。也有人认为，在教学过程中教师对许多问题需要进行叙述、描述、解释和推理、论证，讲解技能是不可缺少的，掌握讲解技能仍然是教师应具备的基本技能。只不过在讲解的过程中教师不要忘记学生，讲解中不仅要对学生进行启发、引导，还要让学生参与进来，在师生互动的过程中完成讲解任务。

讲解不同于讲授和讲述，它是针对学生对内容认识的难易程度，针对学生的思维过程，运用叙述、描述、解释、说明、分析、归纳、演绎等推理论证、概括等方式，使学生认识事物的现象、发展变化，本质特征和内在联系。讲解技能是教师根据不同类型内容采用不同的讲解程序，使讲解的过程符合学生的认识规律。

讲解不是照本宣科不脱离教材，讲解是对内容的说明、讲清道理，引导学生的认识，澄清学生的认识。讲解技能是把对教材中需要学生学习的每一个事件的讲解作为一个完整的认识过程，不仅要考虑内容的清晰、正确、科学，更要注意学生的认知过程，如何引入、认识、反馈和结束。

讲解是教师用生动富有启发性的语言激发学生的思维活动，引导他们想象，利用逻辑推理等方法，发展学生的思维能力。讲解技能是把如何引导学生思维的过程呈现出来，把隐藏在方法背后的思考显性化，即按照不同的讲解程序有步骤、有计划地引导学生的思维活动，为学生学会学习建立一套编码系统，实现讲解的目的，发挥出讲解的作用。

三、讲解技能的类型

1. 知识类型

在各科教材中，虽然教学内容不同但其知识类型却是基本相同的。一般来说，知识是指学习时涉及的相关内容。2001 年重新修订的“布鲁姆教育目标分类”对知识内容进行了分类，包括了从具体到抽象四个类别：事实性知识、概念性知识、程序性知识和元认知知识。

（1）事实性知识。

事实性知识是学习者在掌握某一学科或解决问题时必须知道的基本要素。是一门学科的基础知识，一些符号等，是学习该门学科的工具，在知识水平中处于最低层次。随着学科的不断发展，新事实性知识层出不穷，而教学目标所选取的内容通常是该学科中最基本的知识。如小学英语学科中的语音、音标、词汇，英语学科中的阅读文本等。

（2）概念性知识。

概念性知识是指一个整体结构中基本要素之间的关系，表明某一学科的知识是如何加以组织的，如何发生内在联系的，如何体现出系统一致性的方式等。包括图式、心理模型、理论。这些图式、模型和理论代表了个人是如何将具体学科知识组织和建构起来的，也代表了不同知识内部是如何以系统的方式联系起来并发挥作用的。这类知识如：英语的语法；汉语的语法；参观动物园，观看各种媒体资料，利用动物图片进行分类；英语学科阅读文本中的段落意思、中心思想；英语学科中的各种体裁作文的写作理论；英语学科中的翻译理论等。

（3）程序性知识。

程序性知识是关于“怎么做”的知识。做的对象可以是常规的练习，也可

以是解决全新的问题，程序性知识通常是一系列的或有次序的步骤，包括技能、算法、技术和方法，总的被称作程序。程序性知识反映了不同过程的知识，而事实性知识和概念性知识涉及可以称作“结果”的部分。例如，英语学科阅读文本中总结段意的方法等。

(4) 元认知知识。

元认知知识是关于一般的认知知识和自我认知的知识。虽然不同的研究者观点各异，术语有别（如元认知意识，自我意识，自我反思，自我调节等），但是都强调了元认知知识在学习者成长以及发挥其主动性中的地位。

2. 讲解类型

(1) 事实性和程序性知识的讲解。

在教学内容中有许多重要的事实需要学生了解和理解。如文本（英语阅读语篇中）的时间、地点、人物、事件等。有时教师需要对这些内容进行科学、深入的剖析，有时需要有条理地叙述、有时也需要带有艺术性地描述或解释说明。关于事实性知识的讲解技能主要有以下类型。

①叙述性讲解。

叙述性讲解是教师有条理地向学生叙述科学事实或事件的过程，可用于小学英语各年级的教学中。对学生来说是陌生的知识，就需要教师进行系统的叙述说明，或进行叙述讲解。在英语阅读语篇教学中也有许多事件的时间、地点、人物、发展过程及文章的作者、写作背景等，需教师对学生进行叙述讲解。

运用这种方法讲解的要求是条理清楚，对于过程的顺序、事物之间的联系做具体的交代。语言宜节奏舒缓，遣词造句通俗易懂、清晰明了。最后要总结归纳，以使学生对事件、现象建立整体的认识。

②描述性讲解。

描述性讲解是在叙述讲解的基础上增加许多修饰的成分，增强语言的感染力，唤起学生的情感和想象，使他们更好地感知教学内容。这时教师对事实、事件、过程等的讲解语言要表达出事物、事件的鲜明形象，过程的具体现象，及内容中所蕴藏的思想感情。在讲述科学家的故事、科学发现史或文学作品时，只有用生动的语言描述，学生才能感兴趣。

这种讲解方法要求语言条理清楚，语言丰富带有感情色彩。用生动活泼的词语、声调以及表情、手势的辅助等，把事实、事件、故事生动地展现在学生的面

前，并且语调、语速随着内容的变化而变化，紧扣学生的心弦，引起学习的兴趣。（参考案例2、案例3、案例4）

③启发性讲解。

在课堂上为了解决某个具体问题而进行启发性讲解。教师把解决这个问题的某一种具体的思路，变为一连串的问题，一个一个地给学生提出来（有的需要学生回答，有的不需要学生回答），就在这条思路上引导学生的思维向前迈进一步，问题全部回答完了，学生也就到达了教师所期望的目标，教师的启发也就完成了。这种启发的特点是学生在这条思路上每次需要独立跨进的步距都很短，也可以说是教师每次提出一个问题进行启发时，只要学生能回答出这个问题就行了。这种启发有其独特的方法特征——提问，所以它和注入式教学能够明显地区分开来。而一连串的提问又可以促进学生的注意力集中，所以它和注入式教学相比，又显示出明显的优越性，几十年来这种启发几乎就成了启发的主要标志。

一般来说，启发性讲解是通过教师具有启发性的语言，引导学生对已有知识或生活经验的回忆，通过提供启发性的材料来理解各种事实和现象，通过引导和问题建立起联系。或者在从生动的直观到抽象思维的推理过程中，要使学生的感性认识上升到理性认识，认识事实的本质和必然联系，只有启发性的讲解，才能在现象和本质之间架起一座桥梁。

实践证明，教师准确地把握好时机，有利于在思维的最佳突破口点拨学生的心灵乐曲，启迪学生的智慧火花。同时，教师启发思维的问题深度的难易要适中、速度的快慢要得宜、广度的大小要恰当、量度的多少要相应，才能恰到好处地引发学生积极思维。

进行启发性讲解要求教师的语言通俗易懂，但不失科学性；通过巧妙的提问使学生对所研究的对象进行比较、分析、综合、概括，使问题得到解答。通过提供感性材料，利用形象直观的语言，启发学生理解问题。通过恰当形象的比喻，启发学生联想。通过揭示事物之间的关系和联系，启发对事物本质的认识。（参考案例分析之案例1、案例2、案例3、案例4、案例5）

④解释性讲解。

解释是对字、词、句或方法、事物意义以及学生认识的困难等进行解释和说明。也有人称为诠释式，即说明、解释。讲解内容分为意义解释，结构、程序说明，翻译性解释（如古文、古诗、外文）等。是在师生互动的讨论、质疑过程中对教学内容（包括事实、现象、结论及方法、规则等）的解释说明。并把未知和已知联系起来，解决学生的疑难。例如，在学生提出问题时，教师要给予解释说明；在进行小组讨论时，要对讨论的题目、讨论的意义给予解释说明；在放映幻灯片、录像时，对影片的内容和观看的目的要进行解释说明；在进行实验教学时，对仪器设备的使用方法、操作规程等，都要解释说明。教师在解释时还可以用比喻、比较、数字、图表等说明，以强化理解。

在使用这种讲解方法时，要求语言精练，有较强的针对性，一针见血地道出问题的实质。解释可用逻辑推理的方法，使问题层层深入，引导学生逐渐认识问题。也可用反证法，使学生能从不同的侧面分析问题。解释要实事求是，使学生建立正确的概念和认识。（参考案例 2、案例 5）

（2）概括性知识的讲解。

概括性知识是能够培养学生各种抽象能力的知识，比如概念的形成、定义界说、理论论证、原理演绎、思想分析等。这部分内容能够很好地训练学生的思维能力、分析问题和解决问题的能力，而学生能力的形成需要一个过程，是在师生互动中完成的。对这类知识的讲解，主要有归纳、演绎、类比等方法。

①归纳法讲解。

第一步：提供感性材料。在利用归纳法时，首先是引导学生观察事物、现象、实验等各种直观材料，或回忆过去的经验、事实等，获得一定的感性认识或对旧有知识和表象的回忆，为新的学习奠定一个清晰、明确的认识基础。一般提供感性材料的方法有以下几种：

- 实物直观：是根据教学的需要，将研究对象直接展示在学生的面前，使之获得形象生动的感性认识。也可把学生带到真实的环境中去，通过观察获得感性认识。
- 模拟直观：在不能提供实物直观或实物不能达到观察的目的时，可通过观察模型、图表、幻灯、录像等获得对事物的认识。
- 语言直观：即教师利用形象化的语言对学习对象进行描述、比喻等，唤起学生对已有生活经验的回忆，或通过想象而产生较为具体的认识。

第二步：分析综合认识本质。生动的、直观的、形象化的语言，可以使学生获得感性认识。但要形成概念、思想和原理，只积累感性认识是不够的，感知不能把握事物的本质特征。在通过观察使学生认识具体事物以后，要引导他们对事物进行分析，找出每个事物的个别特点和所有事物的共同特征，即认识事物的基

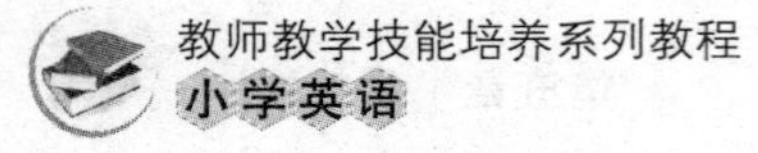

本属性和本质特征。

第三步：概括抽象形成概念。当事物的本质属性被揭示之后，要对事物的共同的本质特征进行概括和抽象，抽象概括所得到的结论就是概念或定义。此时应注意，如何用清晰而简练的语言、恰当的词句，对概念或定义进行确切的表述，明确地揭示出事物的内涵和外延。

第四步：练习运用、巩固概念。一个完整的认识过程必须是“由感性的具体发展到抽象的规定，再由抽象的规定发展到思维中的具体”两个科学抽象的阶段。概念、定义、原理等的形成只是认识第一阶段的完成，而认识的第二阶段必须通过有关的作业或练习，运用概念、定义等有针对性地解决典型的问题及变式，认识的过程才算完成，对概念、定义等的认识才能巩固。

第五步：进行分化和泛化。分化是对相关概念进行比较，达到深入的理解。对一些易混的概念、相近概念进行比较，明确它们之间的区别和联系，是帮助学生纠正错误概念，巩固新学概念的有力措施。对概念的泛化是辨别概念内所包括各种事物、事实的不同特点，进一步明确概念的外延。同时也要对前学科的错误概念进行纠正。

综合上述分析，归纳法的过程如下：提供感性材料—指导分析—综合概括—巩固深化。首先是观察感性材料或回忆过去的经验、事实，为学习奠定认知的基础；再对事实、经验进行分析、比较，抓住主要特征，找出共性，明确基本属性；然后进行综合概括，用简练而恰当的词语表达出结论；最后对一些相近的、易混的概念等进行比较，使学生的认知水平进一步深化。(参考案例3)

②演绎法讲解。

演绎法与归纳法的教学模式是类似的，只是达到目的的方式不同，它是从一般到特殊，再到一般的认识过程。演绎法不是以提供感性材料开始，而是以提出概念、定义或原理等开始，然后再举例进行论证。因而，这两种方法的区别并不在于所教的内容或者使用的实例，而在于教学活动的顺序，教给学生的思维方式。从教学内容的组织来看，演绎法则更具有结构性，从教学时间来看用时少，收效快。但从学生参与程度来看，演绎法不如归纳法，同时还要注意不同年龄学生的认知特征。演绎法的实施过程如下。

第一步：提出抽象概念。教师首先通过一定的方法引出概念、定义、概括等，并板书在黑板上，或用投影仪放映出来，以减轻学生记忆的负担。

第二步：阐明术语。阐明抽象概念中的术语即揭示概念的构成要素，这些术

语对学生理解概念有重要意义，以确保学生理解这个概念的上位概念和下位概念。如果学生对这些术语不理解，教师要花一定时间进行解释说明。

第三步：举出实例。对概念提供大量恰当的实例来说明，能使学生尽快地理解概念，实例或例证的说明性越好，学生把它运用于以后情境的可能性越大。

第四步：学生举例运用。让学生举出事例为学生提供了把新概念与他们自己生活联系起来加以运用的机会，有助于他们对新概念的理解，同时也可以检查学生理解的程度。在学生举例时，要让他们运用概念对事例进行解释，以促进概念和生活经验的联系。

第五步：分化、泛化（深化概念）。经过概念的提炼、事例的运用，最终要让学生在更高层次的理论水平上把握概念的内涵和外延，使学生的理性认识进一步升华，达到深化教学的效果。

从以上的分析可以看出，演绎法讲解的程序是：提出概念—分析概念—事例论证（正反事例）—巩固运用—分化泛化。（参考案例分析之案例4）

（3）类比法讲解。

类比的方法是，在讲解复杂的概念、原理、定理等概括性知识的时候，由于学生难以理解，所以首先选择一个与复杂概念相似的、较为简单的、学生易于理解的概念或事例，学生通过对简单概念或事例的理解、分析得出概括性的认识。然后，再用这种认识分析（类比）复杂的概念或原理，从而得出结论，使得学生更容易掌握复杂的概念或原理。

第二节　讲解技能要素及操作要点

一、讲解技能要素

讲解过程是师生、生生人际交往的过程，师生互相用语言、表情、手势等方式在传递知识的同时传递师生的情感，加强师生之间感情的联系。讲解技能使学生参与其中，把师生双方的思维活动有机结合起来，使师生的思维自然、和谐、流畅，并注意学生参与的深度、广度和效果。教师的讲解技能要关注以下要素。

1. 讲解目标

达到一定的教学目标是对讲解的基本要求，是讲解技能的指导性要素。课堂教学的讲解与平时的讲故事、说相声、谈心等不同，虽然这些活动都需要“语言表达”，然而与教学中的讲解所要达到的目标不同。讲解是为达到一定的教学目标服务的，为实现不同的教学目标需要不同的讲解。

2. 讲解结构

讲解的结构是教师在分析学生的情况和教学内容的基础上，对讲解过程框架的安排。这一技能要素是整个讲解教学活动成功的基本保证。

3. 讲解语言

教学是一门艺术。而教师的讲解又和一般的交谈、辩论、宣传、鼓动、谈判、交涉、演讲等说话有所不同。作为讲解技能的重要特点之一，就是讲解语言清晰、条理清楚、快慢适合学生。心中要时刻想着：我讲的话要让别人听得清、记得住，并且好做笔记。这是讲解和其他各种说话形式的不同之处。

4. 普遍联系

在讲解中教师要把知识前后之间、学科之间、与学生的生活之间存在的联系讲解出来。然而，这种联系有时并不是在教材中明确地表现出来的，有时学生也不能很好地去领悟，需要教师去引导、挖掘和创造。讲解技能建立普遍联系的要素就是要教师在讲解中明确这些联系，使学生很好地建构起知识网络，牢固地掌握知识。

5. 共同思维

共同思维是教师和学生结合在一起共同进行的思维过程。教师的思维离不开学生，学生的思维也离不开教师的指导，因此讲解是师生共同思维的过程。

6. 得出结论

在讲解的过程中教师不断地向学生传递信息，如果缺乏让学生回忆、整理、联系旧知识或实践的过程，在学生头脑中形成的知识可能是杂乱无章的。因此，在完成一个教学任务或活动时，教师要带领学生一起梳理、总结和归纳，以得到明确的结论。

二、讲解技能要素的操作要点

1. 讲解目标的操作要点

（1）根据教学活动确定讲解的内容。

教学活动是教师根据教学目标、教学内容以及学生的情况安排的整节课的各个教学环节，在各个教学活动中，教师根据以下几点确定讲解的内容。

一般说来，下列情况需要教师讲解：

- 引导学生学习新的知识而学生又缺乏对背景的了解时；
- 学生在预习中有疑难问题通过讨论不能解决时；
- 有些知识学生只了解表面现象，或某些基本概念、原理、定律容易混淆时；
- 学生对知识之间衔接、联系缺乏认识或难以理解时；
- 学生自学未形成系统而全面的知识体系，教师需要点拨、指导、提升时。

而下列情况下教师不需要讲解：

- 教材中已经阐明，学生自己可以看懂，或通过讨论能解决时；
- 教材虽然未阐明，但学生通过思考或讨论即可理解时；
- 课后补充的事实材料学生完全可以自学时；
- 学生前面的学习已经为新学知识打下基础时。（参考案例2）

（2）根据教学重点和难点确定讲解的目标。

通常需要讲解的内容大部分是教学的重点和难点内容。教学重点是从知识结构的角度来确定，即教学重点是依据教学目标，在对教材进行科学分析的基础上而确定的最基本、最核心的教学内容，一般是一门学科所阐述的最重要的原理、规律，是学科思想或学科特色的集中体现。它的突破是一节课必须要达到的目标。而教学难点是从学生认知结构的角度来确定的。教学的难点是指学生不易理解的知识，或不易掌握的技能技巧。难点不一定是重点，也有些内容既是难点又是重点。

对于教学重点内容的讲解，其目标与教学目标是一致的，即通过讲解某个知识点，学生达到理解、应用或分析等不同的认知程度。

对于教学难点内容讲解的目标，要根据学生的实际水平来定，因为同样一个问题在不同班级里不同学生中，不一定都是难点。这就要求教师充分了解所面对学生的情况，了解知识点对于多少学生来说是难点，同时，结合教学目标的要求，具体确定讲解的目标。（参考案例1、案例2）

2. 讲解结构的操作要点

（1）确定讲解内容的知识类别。

设计讲解之前教师要分析要讲解的内容是属于概念性知识、事实性知识、程序性知识还是元认知知识，不同类别的知识内容适宜用不同的讲解方式，这样更有助于学生的学习。

（2）根据知识类型确定讲解方法。

由于教学内容的知识类型不同，学生认识的过程和方法也不同。因此，要想使讲解促进学生的记忆、理解和应用，教师就应根据学生对不同知识类型的认识过程进行讲解，以实现不同的教学目标。

（3）设计讲解结构。

无论哪个学科的讲解都应该有合理的结构和思路，这种结构和思路，既是对知识内容的合理的组合和解析，又是符合学生认知的思维过程。只有这样，才能使学生把教师的讲解清晰高效地在大脑中建构起来。同时，我们还要根据讲解内容的性质考虑讲解的程序。使讲解框架搭建合理，问题环环相扣；讲解方式与知识类型相适应，过程完整；讲解的思路线索清晰。这一技能要素是整个讲解教学活动成功的基本保证。（参考案例分析之案例 1、案例 2、案例 3）

3. 讲解语言的操作要点

（1）讲解语言清晰、条理清楚、快慢适合学生。

讲解语言包括教学语言的基本构成：语音和吐字、音量和语速、语调和节奏、词汇、语法等，这是教师必须熟练掌握的教学语言技能。同时，作为讲解，教师语言的条理要特别清楚。心中要时刻想着：我讲的话要让小学生听得清、记得住、易理解，快慢要适合。

（2）讲解语言经常与体态语、多媒体、板书等相结合。

讲解语言的设计有些类似于演员对台词的处理，是为了有效地表达内容、情感，引起学生重视、思考、记忆，对语言的加工设计。讲解语言设计的重点是：何时用描述性语言，何时用叙述性语言；何时使用强调，是音量变化、语调变化、语速变化还是体态语变化；何时使用沉默，沉默的作用，沉默的时间；语言与肢体语、板书、多媒体的结合等，以及讲解概念、规律、法则、事件等得出结论时对语言的提炼，使语言表达精练、精辟，一针见血地道出问题的本质，又便于学生理解和记忆。（参考案例 3）

4. 普遍联系的操作要点

新课程要求教学内容要联系学生生活实际，打破学科界限教给学生系统的知识，帮助学生形成科学的认识结构，做到认知结构和知识结构的统一，进行有意义的知识建构。从以上我们可以看出，普遍联系的设计主要包括以下三个方面。

（1）与学生实际生活的联系。

新的课程内容在联系学生生活、联系社会实践方面做了很大的努力，在小学英语教材中每一幅主题图都是学生熟悉的生活情境，引导学生把英语与生活联系起来，学习生活中的英语。有时学生能够把所学知识主动地与生活联系起来，有时限于他们的生活经验还不能很好地进行联系，就需要教师把这些联系明确出来，为学生将来能够学以致用奠定基础。

（2）学科之间知识的联系。

知识间的联系是普遍存在的，而学科是我们人为划分的，因此学科之间的联系是无处不在的。小学数学课与体育的比赛场次的计算、与美术的构图比例、与社会的各种数据的统计与分析、与科学的精确计算等之间的联系，以及这些学科与环境、资源的联系等，都需要在教学中通过教师的讲解明确地体现出来。

（3）学科内前后知识的联系。

学科内知识之间的联系是基本的、大量的，是学生掌握一个学科的基础。如学科内各年级内容之间的联系，同一教材中章节之间的联系；概念、规律、法则之间的联系；事物发展变化过程之间的联系等。学生只有掌握了这些联系，才能很好地掌握一个学科，是教师必须通过引导、指导或讲解，使学生掌握的。（参考案例 3、案例 5）

5. 共同思维的操作要点

（1）讲解的过程中在学生思维的关键处有引导、有强化。

讲解的过程是师生共同思维的过程，教师的思维离不开学生，学生的思维也离不开教师的指导。课堂教学中如何做到以教师为主体，重要的是引导学生的思维过程、学生认知过程。讲解中学生虽然是处于被动的状态，然而教师清晰的思路、有逻辑的推理和分析、不断提出的问题，确实能引导学生的思维一步一步前进，有利于促进学生思维的发展。因此，讲解中指导学生思维的设计可通过以下几个方面呈现：

- 语言配合板书有条理的讲解；

- 以一定的逻辑顺序（归纳、演绎等）引导学生形成概念、规律，认识事物；
- 在学生思维的关键点、认识的模糊点等提出问题进行强化；
- 使用具有启发性的语言或媒体等引导学生的思维活动；
- 加强师生、生生互动，使讲解过程成为师生共同发展的过程。

（2）讲解的过程中通过一定的方式让学生参与讲解活动。

学生参与课堂教学有多种形式，如阅读、练习、讨论、探究、实践、回答问题、发表意见等。讲解中学生的参与是教师引导下的参与，是教师的主导作用发挥。因此，在设计讲解的过程时要注意：

- 按讲解的线索设计问题，逐步引导学生的思维活动；
- 以多种媒体辅助讲解，引导学生进行观察（视、听）活动；
- 为使内容易于理解，讲解中适当地组织学生的练习、研讨活动；
- 为调动学生的积极性和主动性，适当组织学生进行探究活动；
- 为有效地利用学生资源，引导学生回忆已有知识和生活经验，进行展示活动等。（参考案例3）

6. 得出结论的操作要点

（1）讲解最后，帮助学生整理思路。

讲解过程中如果缺乏让学生回忆、整理、联系旧知识或实践的过程，最终在学生头脑中只会形成杂乱无章的知识。在完成一个教学任务或活动时，为巩固、拓展学生的学习，应有效地进行总结。使学生对教学内容建立起整体印象，建立知识间的联系，最佳的方法是在一个问题或一个概念讲解结束时，将问题的论点、要点简明地交待给学生，以使学生掌握问题的实质。也就是不仅要使已被感知的科学事实和所形成的概念在记忆中巩固下来，而且要能通过对知识的整理，使学生对知识的领会向更高一级升华。好的结束能帮助学生厘清学习思路，形成完善的知识结构，达到新旧知识的融会贯通，使知识趋于系统化、条理化。

（2）讲解最后，帮助学生明确结论。

教师在完成一个讲解任务时，为巩固、拓展学生的学习成果，将学生的注意引导到一个特定的学习任务——得出结论。在讲解过程中因为在不断向学生传递信息，所以这时需要教师带领学生一起疏理、总结和归纳，以得到明确的结论。这一要素所需时间虽然不多，但在讲解中却是不可或缺的。（参考案例分析之案例4）

第三节　讲解技能的训练方法

一、把握讲解的时机

讲解的时机，即何时需要教师讲解，何时教师不应讲解。教学中是否需要教师讲解，主要看影响学生学习的问题点在哪里，如对背景的了解，预习中是否存在疑难，概念、原理、定律是否容易混淆，知识之间衔接、联系是否难以理解等。而在学生自己能够认识解决问题时，或经教师引导就能解决时，则不需要教师讲解。这些都需要教师很好地把握。

讲解像一切教学方法一样，有它的优势也有弊端，只有使用恰当才能发挥应有的作用。特别是在课程改革不断深入的今天，讲解受到许多质疑，更要谨慎地加以应用。注意研究何时该用，何时不该用。

讲解应该把知识的关键点，或者解决学生认知困难的环节，放在这样的时机去讲解，即通过老师的启发诱导，给学生创设一种愤悱的状态，让学生处于一种最渴望得到知识的境况中时再讲。也可以通过老师的启发诱导，把知识的关键在水到渠成的时候讲解给学生，这便是抓住了讲解的时机。

二、掌握讲解的原则

各门课程，针对各种不同的学生，再加上教师对教学内容理解消化的不同，讲解必然会是千变万化、各不相同的。但是不管这些讲解有多少种变化，在所能够达到目的的讲解中，却总是有着一些相似的、共同的东西，即讲解的基本原则。

基本原则反映了各种讲解的共同规律的要求；反映了讲解的本质和内在联系，是讲解中不变的东西，是任何教师在任何讲解中都必须认真加以体现的。

1. 讲解要有精通性

所谓“精通性原则”，首先是教师对于自己所要讲解的内容，要达到精通的水平。其次是要通过讲解让学生对所学内容也能逐步达到精通的基本要求。在这里所用的“精通”二字，有精细明确的含义。

(1)“精”字包含着三个意思。

①精细。在重要的地方，要精细入微，要帮助学生提高分辨能力，要让学生看清他们原来看不到的精细结构和细微差别，精细地辨别那些似是而非、互相混淆的概念。

②精辟。这是指要撇开各种表面现象，深入认识到事物的本质。也就是说，把问题讲透。怎么才叫作“透”呢？就是深入到浅出的程度。相对论很难懂，可是爱因斯坦讲相对论就十分浅显易懂。这就是因为爱因斯坦对相对论懂透了，再加上易于理解的表达方式，也就把它讲透了。很多大科学家讲课，大家觉得他们讲得精辟、透彻，就是他们深入到了可以浅出的程度。

③精炼。“精”在这里是指最基本的要素。要抓住所讲内容的精髓，就要对所讲内容反复提炼。一方面要善于分析，要帮助学生养成分析的习惯和掌握分析的方法，把一个事物分析成为一些组成因素；另一方面又要善于把同类事物的因素加以比较、归并和筛选，从而找到对事物某一性质起决定作用的那些基本要素。

在讲解中，不要满足于现象罗列和材料堆砌，而是要寻求它们的内在联系，特别是体现这些内在联系的那些基本要素。

(2)“通”包含着三层意思。

①通晓、广博。这是指教师的知识要有一定的广度。有人说教师和学生在知识上的比应是10∶1，并不是说要在课堂上把这些都讲出来。它们只是根基，对教师的讲解起着支持的作用；使教师在消化知识时，有更广阔的思维空间，有更多的感性基础，在选择不同的角度时，可以有更多的自由；使学生在听讲时有一种左右逢源的感受，知识可以学得更活一些。

②融会贯通。这是指所学各门课程之间，所学一门课程内部各部分之间，要能很好地联系起来。如果所用教材在这方面做得较差，我们在讲解时，就更要注意加以补救。沟通还有一个重要的意思，就是强调要注意对立面的相通、矛盾的转化、对立的统一、辩证的思维。这对学生的思想方法有很大的影响。

③通俗易懂。这里特别要强调“例子第一”。作为教师的讲解，第一件事就是要找到尽可能好的例子。有了教材，为什么还要教师来讲解？很重要的一个因素就是要教师来举例说明。我们可以说，没有例子，就不是教师，不举例就不是在讲解。教师应该充分认识到例子在讲解中的作用。

2. 讲解要有启发性

关于“启发”一词，我们说得最多的，恐怕就是我们的课堂教学要用启发式教学。启发这个词在课堂之外我们也常用到。例如，学生在动手做某些事时，遇到了困难和障碍，不知如何是好，不知毛病出在什么地方，这时教师在对他进行帮助时，也要进行启发，而不能包办代替。学生在思想上遇到一个问题想不通时，我们对他也应该进行启发教育。

如何做到启发呢？就是让人觉得该有而又没有；或说得简略一点，启发就是形成空穴。

我国教育家孔子早就说过：“不愤不启，不悱不发。”那么，什么叫“愤”，什么叫“悱”呢？朱熹解释说：“愤者，心求通而未得之意；悱者，口欲言而未能之貌。”这不就正是说只有形成空穴，才能起到启发作用吗？在这里启发被局限在“愤”和“悱”这两种空穴上了。其实，除了“心求通而未得”和“口欲言而未能”这两种空穴之外，还有很多别的空穴，它们也都一样地能够起到启发的作用。

运用某种方法，显示出该有而没有（可以形象地比喻为空穴），它既能把学生的注意力集中到空穴所在之处，起定向作用；同时又能产生强烈的吸引力，促发学生的求知欲，起到诱发作用。而已经展示的事物及其联系，对于填补空穴的工作来说，则正是有力而又恰当的提示和参考，起到指导作用，又不会包办代替。

3. 讲解要有自己的见解

首先，在讲解中不要讲空话，要言之有物，要有针对性，要有所指，赞成什么或反对什么要有明显的倾向，要有鲜明的态度。真有意思要表达，不是为了讲解而讲解，而是真想要对某一问题发表自己的看法、指导学生思维才进行讲解的。

其次，在讲解中要有自己的东西。这可以是通过自己独到的观察和思考，发现或揭示出一个新的问题；也可以是对某一问题，从一个新的角度，进行了独到的分析，提出了自己一些独到的观点和看法；还可以是对某一理论进行了深入的实践，有了自己独到的体会，总结出一套独到的方法等。总之，讲解二字要有创造性。创造性是吸引力的源泉和根本。学生所喜欢的是在讲解中的创造性内容、在讲解中的新意。人们最喜爱的是那些出乎意料之外，在乎情理之中的新意。所有的艺术都要抓住这一点，讲解艺术也不例外。

再次，要对学生真有用、真有效、真能解决问题，或真能引人深思、发人深省，给人以启发、指导、帮助、支持，学生听了有用、有效、有收获、有启迪。

4. 讲解要有吸引力

一般来说，学生在课堂上不能自始至终地认真听讲。我们到一个正在上课的教室中去看看，那些不认真听讲的学生，并不是都没有学习的主动性和自觉性。其中有不少自己在埋头看书的学生，很可能学习的主动性和自觉性就不错。学生不注意听讲，有两种情况。一种是学生学习积极性不高，缺乏主动性和自觉性，注意力放在别的事情上。吸引性原则就是针对这种情况提出来的。而另一种情况，且是主要的一种情况，学生学习有主动性和自觉性，起初他们认真注意听老师讲课，但是由于教师讲课中存在的种种问题，使得学生觉得听他讲课还不如自己看书效果好，这才出现一些学生不注意听讲的现象。

那么怎样才能加强吸引力呢？教师的语言、仪容、态度、举止、板书等形式方面的因素固然重要，但是最根本、最主要的还在讲解内容方面，要加强讲解的吸引力，在讲解的内容方面要注意以下几点。

首先，要注意展示讲解内容的价值、意义和作用，使学生能够清楚地了解到为什么要学这部分内容。

其次，自己对所教内容要有真情实感。要理解一门课程，就要用足够的时间和精力去认真备课，反复研究课程对于自己和学生到底有哪些价值、意义、功能、作用，首先自己思想上要真通，真正重视它、热爱它，在言谈话语之中流露出来的真情才最能感染别人。自己通了以后，还要研究怎样才能让别人也通。其次是要用一定的课内时间，认真去讲。有些教师认为，课内时间是用来讲课程内容用的，课程的价值、作用等，只是在第一次课中，泛泛地讲一下就行了。这样的做法是没有多大作用的。一方面是因为这样讲太空洞、抽象！另一方面，学生这时刚接触这门课程，还没有理解的基础。必须经常结合具体内容，生动有力地说明本课程的价值、意义、功能、作用。这不是可有可无的事，而是关系到讲解第一要害（师生不能脱钩）的大事，也是关系到让学生了解今后在何时何处应用所学知识的重要一步。

再次，在讲解的时候，要寻求具体的、有说服力的例子来创造性地加以说明。不要光说些抽象、空洞的活，要具体、最好能举出具体的某人，在学生今后可能要去的环境中，借助本门课程所获得的具体收效。要注意从思想方法的改进和能力的提高上来研究价值、意义、功用、效果等问题，不要仅仅局限在知识这一范围内。

第四节 案例分析

案例1：会话教学中单词的讲解①

<table>
<tr><td>学习目标</td><td colspan="2">1. 会话教学中讲解新授单词 Dragon Boat Festival
2. 引导学生联系旧知识，学习新知识</td></tr>
<tr><td>教师行为</td><td>学生行为</td><td>讲解技能分析</td></tr>
<tr><td>1. Look，our friends Sara and Maomao are talking about festivals. Look at the picture carefully，are they talking about Chinese festivals or Western festivals?
2. Why do you think they are talking about Chinese festivals?
3. What Chinese festivals do you know? Which one are they talking about? Let's take a look. （Teacher plays the dialogue and students listen to the dialogue. ）
4. Do you know dragon?（Teacher shows a picture of the dragon to the students. ）It has a big head，and it has a long tail. You can't see his body since it lives in water. And in the water，here is a boat. Together it makes a dragon boat. （Blackboard design）
5. Together，dragon boat.</td><td>1. I think they are talking about Chinese festivals.
2. Because they take a book of Chinese festival.
3. Chinese New Year，National Day，元宵节（T：Lantern Festival），清明节（T：Qing Ming Festival），Children's Day，Labor Day. They are taking about Dragon Boat Festival.
4. Dragon Boat Festival. （Students learn the meaning of the word and how to pronounce the word. ）</td><td>启发性讲解：通过引导和提问将新授单词 Dragon Boat Festival 的理解与之前所学节日主题联系起来；通过复合词的拆分和板书设计帮助学生理解词意。</td></tr>
</table>

① 本课为北京版四年级下册 Unit Five Is May Day a Holiday? Lesson 17. 案例提供：北京景山学校徐梦然。

案例2：会话教学中单词X-ray的音、形、意的讲解[①]

<table>
<tr><td>学习目标</td><td colspan="3">1. 会话教学中讲解单词X-ray的读音和词意
2. 引导学生感知语法现象：以元音音素开头的单词前使用不定冠词an</td></tr>
<tr><td colspan="2">教师行为</td><td>学生行为</td><td>讲解技能分析</td></tr>
<tr><td colspan="2">1. From the first picture we know that Mike's right leg hurts. Can Mike walk？Yes，Mike cannot walk now.
2. Now the doctor checks Mike's body. Which body part does Mike hurt？Now，Let's listen to the second part of the dialogue（Teacher plays the video）. Ok now who can tell me which body part does Mike hurt？Yes，it hurts near the knee.
3. And who can tell me what does Mike need to do now？Yes，thank you Lisa. He needs to take an X-ray. Ok，please read after me "take an X-ray". Ok，students in this line please read it one by one.
4. Now，pay attention to the word "an X-ray". /e//e/X-ray，an X-ray.（Teacher points to the letter X and say/e//e/to explain that the initial X-here sounds/e/and that's why we put the indefinite article "an" before the word "X-ray".）Ok，read after me，/e//e/X-ray，an X-ray.
5. Ok now let me show you what is an X-ray，what's the meaning of an X-ray. It's an X-ray（Teacher takes out an X-ray film to show the meaning of an X-ray.）. The man is taking an X-ray. The police is hurt in an accident，and now he is taking an X-ray（Teacher uses some pictures to show the meaning of "take an X-ray"）.</td><td>1. No. Mike cannot walk.
2. Mike hurts his knee.
3. He needs to take an X-ray.
Students together：take an X-ray.
Students in line one read "take an X-ray" one by one.
4. /e//e/X-ray，an X-ray.</td><td>启发性讲解：通过听、看对话以及教师的提问，引导出单词X-ray. 教师示范读音，学生模仿。
解释性讲解：教师通过解释单词X-ray首字母X的发音/e/引导学生感知语法现象：以元音音素开头的单词前使用不定冠词an。
描述性讲解：教师通过呈现图片，并运用目标词汇对图片进行描述，帮助学生理解X-ray的词意。</td></tr>
</table>

① 本课为北京版四年级下册Unit Two What's wrong with you？案例提供：北京大兴区北臧村中心小学冯蕾。

案例3：会话教学中讲解如何谈论有关季节的话题①

学习目标	1. 会话教学中讲解如何谈论有关季节的话题 2. 引导学生联系旧知识，学习新知识 3. 学生能够依据归纳的框架描述季节	
教师行为	**学生行为**	**讲解技能分析**
1. Boys and girls，I want to make a picture for you，do you want to see? 2. Describe colors ① What's this?（Post a picture of a tree on the blackboard）And which season do you think it is in? ② So the tree is green. And the grass … ③ So what are these? The flowers，right? The flowers are … 3. Describe the weather Look，how is the weather today? And is it warm or cold?（So it's warm in spring right?） 4. Describe the animals and insects in spring ① Look，here are the birds，the birds are singing. And here are the butterflies，the butterflies are …，and the dog … ② And see …（Post a cat on the blackboard） 5. Describe the activities we can do in spring	1. Yes. 2. Students describe the colors in spring according to the teacher's guidance ① This is a big tree. And it's in spring. ② The grass is green，too. ③ The flowers are beautiful and nice. 3. Describe the weather It's a sunny day. And it's warm. 4. Describe the animals and insects in spring ① The butterflies are flying and dancing. The dog is running. ② The cat is sleeping. 5. Describe the activities students can do in spring	启发性讲解：通过提问，引导学生联系已有知识和经验，用简单的语言描述季节相关的内容。 描述性讲解：引导学生通过提供具体的颜色、天气、活动等的细节信息，描述有关“春天”这个季节相关的话题。

① 本课为北京版二年级下册 Unit Six Which season do you like? 案例提供：北京景山学校付岩。

续表

教师行为	学生行为	讲解技能分析
And we can fly a kite in the spring. And … (Post some pictures on the blackboard) 6. Teacher help summarize the framework and key points of describing a season. ①Please look at the picture, what do you think of my picture? ②Ok, today we are going to talk about seasons. When we talk about seasons, we can talk about the colors like the tree is green and the flowers are red and yellow, they are colorful. ③And also we can talk about …(point to the picture of the sun). Yes, we can talk about the weather like it's warm and sunny in spring. ④And also …(point to the pictures of birds and butterflies). Yes, the animals and insects, and what they can do in spring. ⑤And the things we eat in spring like the strawberries in spring. And also …(point to the pictures of riding a bike and having a picnic) Yes, many things we can do in spring. That's the activities we can do in spring.	We can ride a bike in spring. And we can play football in spring. We can eat strawberries (have a picnic) in spring. And the girl is reading a book (under the tree). 6. Students summarize the framework and key points of describing a season according to the teacher's guidance. ① I think it's very beautiful and nice. ② The weather. ③ The animals. ④ What we can do in spring.	归纳法讲解：引导学生归纳并建构在讨论"季节"相关的话题时可以参考的框架和要点，为学生后续讨论夏、秋、冬等季节做必要的准备。

案例4：会话教学中讲解如何谈论有关宠物的话题[①]

学习目标	1. 会话教学中讲解如何谈论有关宠物的话题 2. 引导学生联系旧知识，学习新知识 3. 学生能够表达自己对于某种宠物的喜好及原因	
教师行为	**学生行为**	**讲解技能分析**
1. I am Cindy. I have a pet dog. What do you want to know about my pet dog? (Write on the blackboard: Yes, when we talk about the pet, we can talk about his color, name and age. And we can also talk about his appearance, such as he has big eyes and a long tail. We can talk about his favorite food, his hobbies and also his characters such as he is very quiet or naughty. 2. OK, Let me tell you. This is my pet dog (show a picture of the teacher's pet dog). She is a girl. Her name is Sunday. She was born on Sunday, so that's why I call her Sunday. Look, she has big eyes and a big black nose. She's very cute, right? Sunday doesn't like barking, I think she is very quiet. But sometimes she is naughty and active. Look, this is Sunday's dog house, but Sunday doesn't like to sleep in it. She likes to sleep on the sofa. I love Sunday very much, and I walk her every morning.	1. The color. What color is the dog? /What's the dog's name? How old is the dog? /What does it look like? /What are his favorite food? What does he like to eat? /What does he like to do?	启发性讲解：通过激发学生兴趣，引导学生联系已有知识和经验，提出问题。 归纳法讲解：基于学生提出的问题，引导学生归纳并建构在谈论“宠物”话题时可以参考的框架和要点，为学生后续谈论自己对于宠物的喜好及原因等做必要的准备。 描述性讲解：教师示范，依据师生共同构建的框架和要点描述、谈论自己的宠物狗Sunday。

① 本课为北京版四年级下册 Unit One Do you like music? 案例提供：北京西中街小学郝萍。

续表

教师行为	学生行为	讲解技能分析
3. Do you have any pets? Can you introduce your pets to us? Just now, Eddy told us he has two turtles. Do you like them? Can you introduce them to us? Do you want to share your pet to us?	3. Yes, they are my pets and I like them very much. They don't have names. The big turtle is very quiet, and the small turtle is very naughty. /My hamster's name is Tony. I don't know his age. He's very naughty, and he likes running very much. And he likes to eat bread and apples. /I have a pet. He's a dog, and he's a boy. He's only one years old. He's a brown dog. He has a short tail and small black eyes. He's very naughty, he likes playing the ball. I often play the ball with my pet dog, and I love him very much.	演绎法讲解：教师基于引导出的谈论"宠物"话题可以参考的框架和要点，通过教师示范、举例帮助学生理解，之后学生结合新框架和要点，联系自己已有的知识和生活经验加以运用。

案例5：故事教学中的讲解①

<table>
<tr><td>学习目标</td><td colspan="3">1. 故事教学中讲解新授单词 compound eyes
2. 故事教学中讨论动物眼睛的不同特征（以蜻蜓的复眼为例）
3. 故事教学中引导学生初步了解阅读科普类绘本的方法</td></tr>
<tr><td colspan="2">教师行为</td><td>学生行为</td><td>讲解技能分析</td></tr>
<tr><td colspan="2">1. Let's start by looking at the pictures. What's in this picture？A building，yes. What kind of building？And What else？
What about this picture？What's the difference？And what about the previous one？
Actually，this colorful picture is seen through our eyes. And this picture（black-and-white picture）is seen through the eyes of an animal. Make a guess，what animal sees the picture like that？（A dog，exactly.）
This is the world through the eyes of a dog. But what about other animals？Today we are going to read the story about "The world Through the Eyes of Animals".
2. Firstly，Let's welcome our animal friends.
What can you see in this picture？
I have a question now，where are they？
They are in a museum. So what kind of museum？
How can you tell they are in an art museum？
Now I have another question for you. Why are those animals standing there，but this animal is standing here？
Yes，they are talking. Actually，the hen is a guide. Now let's follow the guide to visit the gallery.</td><td>1. A building. A building in western countries. A lake and the blue sky.
The color turns grey. It's black and white. There is no color.
It's colorful.
A cat！A bird！A dog！

2. A horse. A cow.
A dragonfly.
A bee. A mow. A hen.
They are in a museum.
They are in an art museum.
Because there are some pictures on the wall.
They are talking（about something）.</td><td>启发性讲解：教师通过问题设计启发学生思考前后两幅图的不同点，并鼓励学生探究原因。</td></tr>
</table>

① 北京市中小学新任教师第一届"启航杯"教学风采展示：攀登英语阅读系列·分级阅读第五级 The World Through the Eyes of Animals，案例提供：西城第二实验小学李丛祎。

续表

教师行为	学生行为	讲解技能分析
3. But suddenly the dragonfly stood in the air? What happened? How do they feel? (Please talk in pairs.) Why were they surprised? Yes, they heard the dragonfly said "There were only 1000 pictures, I can see all of them." But the other animals said "Have you? We haven't seen many." So, here comes the question, how could he see 1000 pictures? As the boy said, "In fact, dragonflies have compound eyes and can see the pictures near and far at the same time." So what are compound eyes? Let's take a closer look. (Show a picture to explain what are compound eyes.) These are compound eyes. There are lots of small eyes and big eyes. Now I have a question for you, what would our world be like if we had compound eyes? Share your idea with your partner. (Actually, with the compound eyes, the dragonfly could see the whole world like a panoramic picture. But what is a panoramic picture? This is a panoramic picture. A normal picture only takes something in front of you. But the panoramic picture takes everything around you. By the way, how can we take a panoramic picture? Yes, we need a camera. Move the camera very slowly, take a snap, and we have a panoramic picture. 4. Let's now go back to the gallery. (Blackboard design) This is the picture through our eyes. And this is the picture through the eyes of the dragonfly because he has compound eyes. But what about other animals? Now you are going to read their stories in your own groups.	3. They are shocked! They are astonished! They are surprised! Maybe they saw something. Maybe they heard something. Because the dragonfly has very different (special) eyes. Many (many) eyes. We can see a lot of things at the same time/behind us.	启发性讲解/解释性讲解：通过教师提问启发学生思考，引导学生关注新授词汇 compound eyes，通过图片举例和教师解释，帮助学生理解 compound eyes 的词意，并以此引发学生对动物眼睛特征的关注。

附　录　讲解技能评价量规

要素	优秀	良好	尚可	需努力	权重
讲解的目标	讲解的内容是突出教学重点、难点；讲解目标明确清晰，与教学目标一致。	讲解的内容是教学的重点、难点；讲解目标明确，与教学目标一致。	讲解目标与教学目标一致。	讲解的内容过于简单，学生自学就可以掌握。	0.15
讲解的结构	讲解框架搭建明确合理，问题环环相扣；突显对学生思维能力的培养；讲解方式与知识类型相适应，过程完整；讲解的思路线索清晰。	讲解框架搭建合理，问题环环相扣；讲解方式与知识类型相适应，过程完整；讲解的思路线索清晰。	讲解框架搭建合理，问题环环相扣；讲解的思路线索清晰。	讲解结构与知识类型不相适应，讲解结构单一。	0.2
讲解的语言	讲解语言简洁清晰、快慢适合学生；根据教学情况，得体使用语言，并与身态语、多媒体、板书等相结合。	讲解语言清晰、条理清楚、快慢适合学生；语言经常与身态语、多媒体、板书等相结合。	讲解语言规范；语言偶尔与身态语、多媒体、板书等相结合。	讲解语言不清晰；语言没有与身态语、多媒体、板书等相结合。	0.2
知识间联系	讲解能联系学生合理已知的知识；能与其他学科知识得体联系；与学生生活相联系。	讲解能联系学生已知的知识；能与其他学科知识相联系；与学生生活相联系。	讲解能联系学生已知的知识。	讲解就事论事，缺乏普遍联系。	0.15
共同思维	讲解的过程中在学生思维的关键处有合理的引导、有强化；讲解的过程中通过适合学生的方式让学生参与讲解活动。	讲解的过程中在学生思维的关键处有引导、有强化；讲解的过程中通过一定的方式让学生参与讲解活动。	讲解的过程中在学生思维的关键处有引导、有强化。	教师按自己的思路讲解，没有引导、强化和学生的参与。	0.15

续表

要素	优秀	良好	尚可	需努力	权重
得出结论	讲解最后，通过以学生为主体的方式帮助学生梳理要点，明确结论。	讲解最后，通过一定的方式帮助学生梳理要点，明确结论。	讲解最后明确结论。	没有明确强调结论。	0.15
备注					1

第六章

媒体应用技能

学习目标

- 了解：什么是媒体应用技能
- 理解：媒体应用技能的特征
- 掌握：媒体应用核心要素
- 应用：教学中如何合理应用媒体

第一节　媒体应用技能的定义与原则

一、媒体应用技能的定义

媒体应用技能是教师进行实际表演和示范操作时，运用实物、样品、标本、模型、图画、图表和多媒体设备提供感性资料，以及指导学生进行观察的行为方式。

二、媒体应用技能的原则

随着多媒体计算机进入课堂，课堂教学环境发生了很大的变化，课堂鲜活了、生动了、丰富了，随着计算机硬件设备的进步、教学软件的丰富，给教师提供了充足的备课资源和素材，同时也使教师面临严峻的挑战，究竟如何选择教学媒体，如何准备教学素材，才能有助于教学目标的达成呢？为此，我们在设计和选择教学媒体的时候要遵循以下基本原则。

1. 最小代价原则

设计和选择教学媒体，要根据能得到的效能和需要付出的代价来做决定，力求做到以最小的代价，得到最大的收获。

2. 共同经验原则

设计和选择的教学媒体，它所传输的知识经验，与学生已有的经验必须有若干共同的地方。在选择和设计教学媒体时，就要充分注意在媒体与学生之间创造共同经验。

3. 多重刺激原则

设计和选择教学媒体，应注意从不同角度、侧面，去表现事物的本质特征。让所讲对象，在不同的时间、地点、条件下多次重复出现，用不同的形式，表现同一内容。

4. 抽象层次原则

设计和选择教学媒体，它所提供的信息的具体和抽象程度，要根据学生的实际情况（年龄、认知水平、学习能力等），分为不同等级、层次。每个层次都包含具体成分和抽象成分。这两种成分的比例，应根据学生的实际情况进行调整，越是高年级，抽象的成分应越多。

教师在课上有一系列的运用媒体行为，既是提供规范的操作，同时，也是提供感性资料，并运用感性资料完成归纳、类比、概括等思维转换的信息加工过程。教师的一系列媒体运用行为将支撑完成这一信息加工过程，因此，教师应该在教学过程中不断训练并提升该项技能。

教师在课上运用教学媒体的过程往往是教师演示媒体和指导学生对媒体进行观察的过程，也包括教师对学生运用媒体进行小组活动进行指导的过程。

教师的媒体演示过程也是学生的观察、思维过程。因此，学生的已有经验必然融入教师的演示过程中，成为教师该技能中必须考虑和设计的因素。教师的媒体运用技能还是合理整合丰富的观察材料，应与学生生活经验和已有知识结合，引起学生知觉活动，形成相关的概念和观点的过程，教师应该在教学中深入研究这一过程。

课堂教学中教师的教学行为，可以归纳为：教师通过语言“说”，教师通过媒体“演”和教师通过板书“写”。

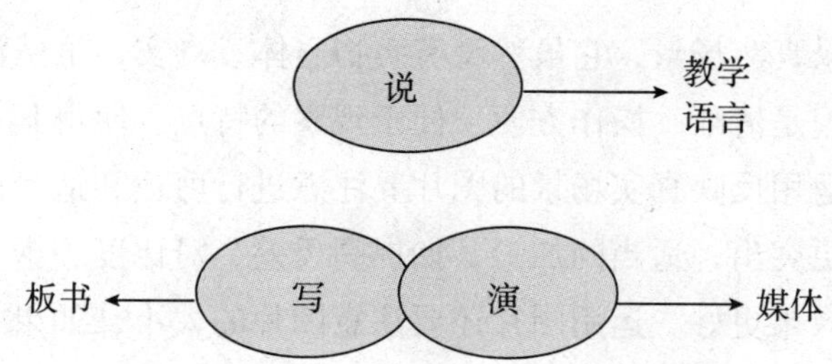

第二节　媒体的类型及特征

一、媒体的类型

1. 实物媒体

教师在运用实物时应该注意实物的大小，学生是否能够看清楚，足够大的实物可以放在讲台上，边指示边观察；而对于比较小的实物需要教师走到学生中间，指示观察；可能的话，可以让学生小组中也有同样的实物，这样教师可以带领学生进行观察。

当将实物发给学生的时候，会带来教学组织的困难，从看教师一个人进行演示，到学生可以小组或自己进行观察了，学生的目光分散了，观察仔细了，出现的问题也会增多了。如果要让学生在教师的带领下进行观察就要在课前准备的过程中注意实物的挑选要精准，在观察过程中又要注意引导关注本质的、共同的特征，这是十分重要的。

2. 视频

可能不是所有的与教学相关的实物都能够拿到课堂上来，对于学生比较熟悉的内容，通过语言描述，就能够唤起学生的生活经验，但是对于学生不熟悉的呢？视频作为重要的教学手段成为辅助教学的工具，很好地解决了这一问题。多媒体较之实物有其更便捷、更可以跨越时间和空间的优势，如英语教学中在涉及人物背景分析以及文化差异的介绍及品味时，都离不开视频资料，视频能够跨越时间，再现已经过去的事实；视频能够扩展空间，将大千世界承载在小小的课堂中。

3. 图片

图片可以记录真实场景，它虽然没有实物立体、真实，虽然没有视频能够反映活动和变化，但是清晰、操作方便、便于观察的特点，使得其在教学中具有重要的地位。教师运用反映真实场景的图片要注意进行剪裁和适当的加工。剪裁能够使观察的重点更突出，适当的加工，如提高反差、对比度、饱和度等可以使照片更清晰、观察效果更好。运用图片还要注意图片的大小，如果一张媒体演示文稿的一屏中贴一张图片，图片就比较大，利于观察结构特征，将两张相近的图片贴在一起，就能够突出比较它们的相同和不同之处，帮助学生进行分析和类比。

图片还需要和文字、语言有机结合，往往是通过图片提出问题，然后，文字聚焦问题、强化问题。小学英语教学中无论是教材中的图片还是绘本中的图片，都可以进行深度处理，如剪切、模糊、部分呈现等，以利于引导学生有目的地展开观察、预测等教学活动，师生的语言始终伴随着图片和文字，描述、分析、阐述、概括。教学就是在这样的视听教学媒体的陪伴中展开的。

4. 模型

教学模型是媒体技能中的典型一类。小学英语教学中也有很多内容涉及生物学及科学类别的教学内容，就可以选用模型这类媒体应用技能。可以采用典型

的、模拟的、基本接近真实结构的模型。有的模型模拟程度更高，如DNA双螺旋模型，从分子结构到颜色都是一种模拟，在观察模型前，教师要交待模型的大小、颜色与所模拟对象的关系，有的教师用昆虫的模型，却没有说明该昆虫的实际大小，学生就会认为其和模型大小差不多。

在观察模型的过程中，教师要注意引导学生关注模型中每一个要素代表的内容，注意其颜色和结构代表的含义。在运用模型教学技能时，要引导学生进行观察，从真实和模拟两个角度认知，以利于学生借助模型感知真实世界。

5. 动画

动画往往也具有模拟意义，动画更可以模拟运动过程、变化过程。小学英语课堂中，动画可以再现语言交际的完整过程，帮助学生感知语境发生的真实情境，可以模拟外部世界的变化。动画技能既可以用于课堂教学导入环节，也可以用于新知呈现环节，还可以用于总结环节。动画的优势在于情境的真实再现与模拟，有利于学生模仿较真实的语言交际活动。教师也可以在动画播放的过程中，采用暂停、定格个别画面等策略，引导学生观察细节，如人物的表情、动作等，帮助学生体验情感，模仿学习语言，才能够综合实现教学目标。

6. 多媒体课件

当前大多数教室的正面是“多媒体屏幕＋黑板”。教室中多媒体的教学环境主要是以大屏幕投影为教学设备，以教师通过大屏幕投影辅助教学、以教师演示多媒体课件为主要教学手段的教学环境。多媒体课件可以将图片、音频、视频、动画等媒体集为一体，教师运用多媒体课件，展示丰富的多媒体资料，创设情境，揭示探究过程与方法，促进学生自主学习与合作学习。

二、媒体的特征

课堂教学中常用的教学媒体在表现力、重现力、接触面、参与性、受控性等方面的特征各不相同，了解不同教学媒体的特征，有助于在教学中恰当地选择教学媒体。

1. 表现力

指教学媒体表现事物的空间、时间和运动特征的能力。如电影、录像能够以活动的图像呈现正在变化中的过程，采用接近实物的形态，逼真地表现事物；而图片以静止的方式反映事物的瞬息特征，所以便于观察。

2. 重现力

指教学媒体不受时间、空间限制，重新再现信息的能力。教科书是最便于重现的媒体。

3. 接触面

指教学媒体把信息同时传递到学生的范围。例如，网络、电视和无线电广播的接触面最广，能跨越空间限制，将信息传递给学生；而板书、图片、录像等的接触面往往就只是限制在教室内。

4. 参与性

指教学媒体在发挥作用时学生参与活动的机会。模型、录音、录像等媒体提供了学生自己动手操作的可能，而且，便于边动手操作边提出问题、进行讨论等。电视、电影等媒体有较强的感染力，容易诱发学生在情感上的参与。而互联网提供了人机交互的机会，可以大大提高学生的参与程度。

5. 受控性

指教学媒体接受使用者操纵的难易程度。教科书、板书使用最便捷，操作最简单。

第三节　媒体应用技能要素及实现方法

教师媒体运用过程是复杂的，支撑完成媒体运用过程的教师教学技能也是复杂的，因此，需要对其进行分解，对分解的要素进行分析，阐明操作要点。这是教学技能形成的关键，是教师掌握教学技能自觉进行训练的前提。

一、量裁定体，根据内容选择媒体技能

选择教学媒体主要依据教学目标和教学内容，为达到不同的教学目标需要使用不同的教学媒体去传递教学信息，如外语学习中让学生感知语法规则，以往经常采取学生操练，教师总结，并辅以板书或者课件的形式。如果要学生自己归纳总结，往往要通过多媒体提供充分的支持素材，激发和引导学生的思考，然后，通过教师板书和语言体验和训练归纳的方法，从而建构概念。

教学媒体的选择还要考虑学生的学习特征，不同年龄段的学生教学媒体的选

择是不同的。小学阶段尤其是小学低年级阶段，学生主要靠形象思维，注意力不易集中。丰富、生动的媒体材料能够引发兴趣，达到教学目标，因此，宜更多地选择图片、视频和动画的形式；而到了中高年级学段的学生，抽象思维能力逐步增强，而且，其抽象思维能力也需要在教学中不断培养，因此，既要用图片、视频和动画等丰富形象思维，又要注重抽提概念、原理和规律的过程。多媒体的运用与板书、语言配合使用往往能够达到理想的效果。

其实，教学媒体的选择还受当地、当时教学条件的限制，需要综合考虑多种因素。那么怎样选择教学媒体呢？可以在教学设计时围绕目标的达成列出系列问题，通过对这些问题的思考和回答选择适用于本教学情境的教学媒体。如：

- 所需媒体是用来提供感性材料的还是提供练习条件的？
- 该媒体是用于辅助集体讲授还是用于个别化学习？
- 媒体材料与学生的认知水平是否一致？
- 教学内容是否要做图解或图示的处理？
- 视觉内容是用静止图像还是用活动图像来呈现？
- 要不要为视觉图像配音？是用录像还是动画表现试听结合的活动图像呢？
- 有没有媒体放映的条件？等等。

二、把握时机，确定出示媒体的时间

当教师设计好所需的教学媒体后，还需要把握出示媒体的恰当时机。这一时机把握包括三个含义。

1. 根据具体的教学内容，使用恰当的教学媒体

也就是要找到课上教学内容最需要媒体演示的时候。教学媒体的运用与教学内容密切相关，这一问题虽然在教学设计的时候就需要考虑，什么内容用什么媒体，在教学过程中教师还是需要用一定的技能支持用好媒体。如需要丰富学生感性认识的时候，我们运用了视频，那么，课上视频的效果就应该达到真实呈现的目的。如果由于光线暗、由于声音不清晰，使得学生看不清、听不见，就达不到效果。

2. 根据学生的学习状态，灵活地调整媒体运用时机

虽然在教学设计的时候已经对学生情况预设，但在教学中时刻存在着变化的情况。如教学秩序比较混乱的时候，媒体能够起到引起注意的作用，学生回答问题感到困难的时候，教师运用教学媒体能够为学生的学习活动搭建台阶。

3. 讲求恰当的出示时机

在出示媒体前或者是出示媒体的初始阶段，应该明确观察的对象、观察的目的、观察的方法及观察中应思考的问题，使学生处于准备观察的心理状态。要按照操作规范将媒体呈现出来，要注意媒体的摆放位置、适宜的高度、角度和亮度等，是否能使每一个学生在座位上都能观察到。如果媒体较小，应该巡回演示或进行分组观察。

在引导学生观察前，要向学生介绍所使用媒体的特点或结构组成。如使用模型时，要说明模型和实物之间的比例，颜色所代表的含义，如果是内部结构的模型，要说明是横切还是纵切，对实验过程运用媒体演示时，要考虑实验过程是否能让每一个学生都能够清楚地看到等。

三、正确演示，提供示范

教师在媒体运用过程中，同时提供着规范的操作，对于学生动作技能的形成至关重要。在教师媒体演示过程中，其实也是教师在给学生进行正确观察方法、思维习惯做示范。具体要从以下几个方面来实现。

1. 动作准确

教师的操作动作要准确、到位，手的动作与语言解释结合紧密，利于学生理解动作。

2. 方法科学

这里所说的方法包括示范的程序和节奏等，准确的演示还包括演示动作的顺序正确，节奏掌握合适，不仅要利于演示结果的获得，还应该考虑学生可以清晰地看到，并能够理解动作的目的。因此，要求教师的演示方法要正确。

3. 熟练连贯

教师的演示动作和平时完成一些运动技术不同，处理应该十分准确，还应该在熟练上下功夫，要达到拿来就能够上手，一上手就能够成功，要达到在专家眼里也挑不出毛病。因此，教师的演示示范需要经过课前的反复练习。

4. 注意强化

这里所说的强化，更多的是从利于学生产生规范的操作动作的角度，因此，要把握到位的展示效果，能够让学生看到、看清。动作要准，不要遮挡，让学生看清楚；动作连贯，又要有适当的停顿，让学生印象深刻；与简明的语言配合，让学生专注在动作的操作要领。

四、指导观察，教给方法

教师媒体运用的过程就是指导学生对媒体进行观察和思考的过程，或者说通过教学媒体对教学内容进行思维加工的过程，因此，教师的媒体运用行为中就要具有合理的指导学生进行观察的行为，要常给予自己这样的提示语："学生看到了吗?""学生是否喜欢看?""看的同时在想什么?""教师怎样的媒体运用行为就能够支持学生完成观察过程，达到预设观察目标，发展观察能力呢?"

1. 形象生动的媒体提供感性材料，支持学生充分感知

实物、实验和视频等，由于其真实、客观，使得这类教学媒体被广泛地运用在提供感性材料的教学过程中。

2. 模拟的媒体引导从形象到抽象的过程，支持学生进行归纳、类比等思维过程

不管是实物、还是模型、动画，教师带领学生的观察要有顺序，如从外到内，从宏观到微观。要根据观察内容设计一定的观察方法，如顺序观察法、对比观察法等等。观察时要注重把握教学规律、渗透教学观念，使学生养成良好的观察习惯。学会科学的观察方法在我们教学中是十分重要的，教师要将其作为重点备课内容，作为上课重点观察内容，作为课后教学重点反思内容。

3. 抽象的媒体引导形成概念，支持学生对概念、规律、观点的概括

在完成从形象到抽象的学习过程中，还需要通过板书和学生笔记，将核心内容符号化、概念化。教师往往设计成整体的、结构的、简明的板书对学习过程进行概括，要点清晰，结构合理。

教师媒体运用的过程是发展学生思维的观察过程，媒体运用的过程是对媒体呈现的信息进行分析的过程，在分析的基础上归纳出解决问题的核心要点。在观察中教师要通过语言、板书等手段提示观察的要点，指导观察、思考的方向和重点。

第四节 案例分析

案例1：How many?①

【案例呈现】

学习目标	能够运用How many？询问并回答物品的数量	
教师行为	学生行为	技能分析
课前准备：教师课前准备展示教具——一个袋子，里面放大小不同、颜色各异的小球若干。 按照小组准备学生用的教具：每个组准备一个笔袋，里面装上不同颜色的学具若干，如3 pencils，4 rulers，5 erasers……条件有限的情况下，也可以用一个小袋子里面放画有文具图形的卡片，供学生操练使用。 为了保证操练活动的趣味性，每组学生的文具实物数量要有差别。		对于一年级的学生来说，生动鲜活的实物媒体应用会立刻调动学生的视觉，充分吸引学生的注意力，引发学生的主动观察，帮助学生建立语言和真实世界的关系。
教师拿出装有小球的袋子，提问："What's in my bag?" 学生猜测过程中，教师请个别学生隔着袋子摸摸里面的东西；同时晃一晃袋子，让学生听听袋子里面物品的声音。 教师提示学生用名词复数进行猜测，如pens，pencils，balls?	学生猜测袋子里面装的物品。 S：Pens/Pencils/ Erasers/ …	学生通过触觉感知并猜测物品，在教师的引导下能够逐渐理解描述一个物品用单数形式，多个物品用复数形式。
教师从袋子里面依次掏出小球，问学生：What's this? What colour is it?	学生观察并回答。 S：It's a ball. It's a yellow ball.	学生在数数的过程中运用语言，描述物品的数量和颜色。

① 本课为：英语（一年级起点）一年级上册，外语教学与研究出版社，Module 8 Unit 2。

续表

<table>
<tr><th>教师行为</th><th>学生行为</th><th>技能分析</th></tr>
<tr><td>教师询问“How many yellow balls?”引导学生一边观察一边数数，一边回答。</td><td>学生数数：One，two，three. Three yellow balls.</td><td>学生一边观察，一边分辨物品的颜色并数数，自然地运用语言。</td></tr>
<tr><td>教师请一名学生到前面示范，拿出小球问其他学生“How many black balls?”</td><td>其他学生开展小组活动，数一数，说一说。</td><td>引导每个学生都能够数一数，说一说。</td></tr>
<tr><td>教师发小组操练的教具，并介绍：New Year's Day is coming. There are some presents from our school. Let's count them!
教师指导学生小组活动，引导每个学生依次数数并统计的同时自然运用语言，并完成统计表。
<table><tr><td>pencils</td><td>rulers</td><td>erasers</td><td>crayons</td></tr><tr><td></td><td></td><td></td><td></td></tr></table></td><td>学生开展小组活动，数一数，说一说。
S1：How many pencils?
S2：(数铅笔) One，two …six，six pencils. How many rulers?
S3：(数尺子) One，two，two rulers. How many erasers?
S4：
How many pencils? 3 pencils.
…</td><td>通过创设“数一数元旦礼物”的真实情境，引导学生在小组内观察、数数，运用语言。</td></tr>
<tr><td>教师出示表格，统计各组的文具的数量</td><td>学生分组进行汇报，综合运用语言。如：We have 2 pens，3 pencils and 5 rulers。</td><td>学生借助表格综合表达所拥有的文具的数量。</td></tr>
</table>

【案例分析】

在这个案例中，教学内容是有关数字以及用英语问答“有多少”的交际用语，教师先用最简单的猜物游戏激发学生的好奇心，五颜六色大小不一的小球刺激了儿童的视觉，大大激发了学生的兴趣，学生从单一的表达“几个球”过渡到运用已有表示颜色的词汇尝试表达“几个什么颜色的球”，尝试综合运用语言。在语言支架充分搭设之后，教师借助“数数新年礼物”的真实活动，鼓励学生们在小组活动中运用语言进行交流，并完成统计的任务。实物教具使得数字的学习和文具、颜色的词汇的复习能够可视化，不断促进语言知识的内化，起到了很好的教学效果。

案例2：When Mr. Dodge meets Miss Kate?①

【案例呈现】

学习目标	能够在阅读中理解词语的意思	
教师行为	学生行为	技能分析
课前准备：绘本中需要处理的词汇，如copycat，contact lenses，handsome，graceful 等。		绘本阅读中的词汇学习，是要鼓励学生在故事情节及语境中理解词汇的意义，从而保证阅读的流畅性和完整性。在绘本阅读的词汇教学中，往往不能把词汇单独割裂出来进行独立的词汇教学，因此图片媒体的运用就显得尤为重要。图片包括绘本本身的图片、教师构建的图片以及学生头脑中构建的图片。也就是运用视觉化这一阅读策略，突破绘本中词汇的难点。
A copycat	学生观看与主题相关的小视频，希望学生能够发现视频中两个女孩的模仿行为，以此引出copycat的概念。	Copycat是这个故事的关键问题，六年级学生没有接触过这个词汇，因此教师运用了视频和图片技术，帮助学生构建文本中关键信息copycat的意义。

① 攀登英语阅读系列 分级阅读第六级。

续表

教师行为	学生行为	技能分析
1. 观看视频，教师提问： 2. What can you find about these two girls? How do you understand "a copycat"? Have you ever been a copycat before? 3. 教师出示图片，并解释 copycat. Actually, a copycat means someone who often copies other people's clothes, behaviors or work.	之后学生思考并回答问题。 T：What do you call this kind of person? How do you understand "a copycat"? S：They do the same things.	
contact lenses 讲到这页的时候，教师问学生 What are contact lenses?	引导学生观察图片，从图片中获取信息。 学生通过自己的观察，能够发现狗先生正在戴隐形眼镜，于是学生自己得出结论 it means 隐形眼镜。	这个词汇是绘本中的生词，学生是不理解的。教师充分利用绘本中的图片，引导学生观察图片、独立思考、独立发现。图片技术的运用在高年级的课堂中更要鼓励学生的自我发现和分析判断能力。
handsome & graceful Mr Dodge, a handsome dog, fell in love with Miss Kate, a graceful cat. 读到这页的时候，教师问学生 How handsome is Mr. Dodge and how graceful is Miss Kate?	学生观察图片思考并依据已有生活经验进行回答。 现场实录： S：Mr. Dodge is just like Alan Walker, the famous singer. He wears a suit and a tie. He has a cool hairstyle. And Miss Kate is like a princess in a castle. She wears sunglasses and a long dress. She has blonde hair and uses lipstick. She can dance well."	handsome 和 graceful 这两个词也是绘本中的关键信息，为了让学生充分体会狗先生和猫小姐的人物性格，教师借助图片搭建可视化信息，鼓励学生依据已有生活经验想象与判断。从学生的回答中可以看出，在阅读中借助图片，使用视觉化策略能够大大激发学生的想象力，丰富学生的语言表述。

【案例分析】

这是一节高年级的绘本阅读课，在绘本中教师可以借助绘本本身的图片，也可以根据绘本理解的需求，精心设计图片，鼓励学生细心观察、分析和对比，运用视觉化策略，调动学生已有的生活经验，促进对语言意义的理解与认知。

案例3：It was Daming's birthday①

【案例呈现】

学习目标	能够完成小组活动	
教师行为	**学生行为**	**技能分析**
这节课的主题是选择礼物，因此教师在操练环节设置了一个小组活动： Special day is coming. Daming's grandma/aunt/cousin has got a present. What is it? Is it suitable for them？即小组同学会分别拿到 Daming's grandma/aunt/cousin 的个人情况的介绍，也会分别得到相应的礼物，小组讨论他们得到的礼物是否合适，并在全班分享。	Group work.	小组合作学习是英语课堂上常见的活动方式，但是往往由于教师指导欠缺而导致学生合作效果差强人意。本节课也是第一次在授课班级开展六人小组活动，教师借助多媒体课件技术，强化对于小组合作学习的指导，教学效果很好。
1. 教师依次呈现活动环节 *Step1: Open the gift in groups.* *Step2: Discuss the present and finish the worksheet in groups.* *Receiver* / *Present* / *Suitable/Unsuitable* / *Advice* *Step3:Share your ideas in class.*	学生认真倾听并完成手里的任务单。	清晰的多媒体课件演示保证了学生逐一理解活动环节。

① 新标准小学英语第十二册 Module 6 Unit 1.

续表

教师行为	学生行为	技能分析
2. 教师指导小组合作分工	T：What should the group leader do? S（group leader）： Organize the group work. …	清晰的课件呈现及教师对于团队每个成员的作用的介绍，帮助每个学生了解自己的职责，保证了小组合作的实效性。
3. 小组操练用语指导	T：Pay attention to the time. While you are discussing, you can use these sentences to discuss with your partner.	教师询问学生需要多少时间，并现场调整计时器的时间。计时器的使用保证了活动的时间。同时交际用语的补充，是交际策略的培养，保证了小组合作学习的实效性。

【案例分析】

本节课的操练过程学生6个人为一个小组，根据收到的礼物判断其礼物的合理性，并给送礼人提出合理建议。任务设置的非常开放，因为无论是人物信息还是礼物本身，都不是单一的选择因素，需要综合分析和评价，有利于学生构建“送礼”要考虑全面，同时培养学生的思辩精神和批判性思维。因此小组活动的实效性就非常重要。在这个环节中，教师清晰的指令，多媒体课件图文并茂的展示，现场计时器的运用，都使得学生在最短的时间内明确小组内每个成员的分工，清晰小组活动的具体流程，因此活动效果非常好。

附　录　媒体应用技能评价量规

要素	优秀	良好	尚可	需努力	权重
根据内容选择媒体	选择的媒体有非常利于教学内容及教学目标的实现；所选媒体符合学生认知水平及激发学生学习兴趣；依据现有资源优化选择媒体。	选择的媒体有利于教学内容及教学目标的实现；所选媒体符合学生认知水平；依据现有资源优化选择媒体。	选择的媒体有利于教学内容及教学目标的实现；所选媒体符合学生认知水平。	媒体的选择不利于教学内容及教学目标的实现。	0.15
出示媒体把握时机	媒体出示非常符合教学内容需要；根据学生状况灵活出示媒体；所有的学生都能清晰地看到演示内容。	媒体出示恰是在教学内容需要的时候；根据学生状况灵活出示媒体；所有的学生都能清晰地看到演示内容。	媒体出示恰是在教学内容需要的时候。	媒体出示的时间没有配合教学需要。	0.25
正确演示提供示范	演示动作规范、准确，全班都能观察到；演示动作顺序正确、节奏适中、利于观察；边演示并通过语言(包括肢体语言)、板书等进行强化。	演示动作准确，全班都能观察到；演示动作顺序正确、节奏适中、利于观察；边演示并通过语言、板书等进行强化。	演示动作准确，全班都能观察到；演示动作顺序正确、节奏适中、利于观察。	演示基本正确，有些学生不容易观察；没有强化。	0.3
指导观察教给方法	演示过程中能够有效地指导学生进行观察；结合教学内容适时教给学生观察的正确方法；对课堂出现的问题给予及时解答；对出现的难点进行适时强化。	演示过程中适时指导学生进行观察；结合教学内容教给学生观察方法。	演示过程中适时指导学生进行观察。	缺乏观察及观察方法的指导。	0.3
备注					1

第七章

板书技能

学习目标

- ➢ 了解：板书技能的概念、功能、心理学依据和理论基础
- ➢ 理解：板书技能的类型
- ➢ 掌握：板书技能构成要素及操作要点
- ➢ 应用：板书技能

第一节　板书技能的定义及说明

一、板书技能的定义

板书是指教师在课堂教学中，通过在黑板上书写文字、图表、图形、符号等与学生进行信息交流的教学行为方式。

二、板书技能的说明

板书技能是课堂教学中最基本的教学技能，是教师利用黑板以凝练的文字语言和图表等形式，传递教学信息的行为方式，帮助学生更好地理解与掌握教学内容。因此，板书是课堂教学的重要手段，是教师必须掌握的一种教学技能。当前课堂教学环境已经是一个多媒体环境，但板书作为一个古老的视觉媒体的传递方式，与其他传递方式比较，有其鲜明的特点。

1. 恒长性，刺激持久

板书提供的信息可以驻留，不像口头语言和目前常用的PPT媒体运用那样转瞬即逝，留在黑板上的清晰、简洁的文字、图表是对教学过程中重点、难点内容的重复、持久的刺激，便于理解和记忆。同时，也便于学生记录。

2. 概括性，刺激强烈

板书往往是教师对口头的语言、对多媒体的信息资源、对教材的内容进行高度概括后，用简洁的文字、图表等方式书写出来，是简洁的、条理清晰的、层次分明的，便于理解和记忆的。

3. 生成性，刺激过程

板书的内容是在课堂教学过程中生成的，精心设计的板书可以使学生随着教师简洁的书写生成问题，生成对问题解决的假设，生成问题的解决过程，也生成解决的方法。我国传统教育中教师将教学语言与教学板书有机地结合，达成了学生从听讲、思考，到记录的学习方式，有很多合理的成分，在今天的多媒体的教学环境中仍然需要传承。通过板演出题仍然是广大英语教师普遍使用的教学方式。

三、板书技能的功能

教学板书作为一种教学手段在教学中发挥着特有的作用，在传统的教学中是十分重要的。由于其重要，在教学设计中要求必须有教学板书设计；由于其重要，在很多优秀课中都有精彩的教学板书。就是教师边讲解边书写教学板书时的语言和姿态都十分和谐优美，一节课下来，由教师优美字迹串连而成的教学板书，使学生在抄写之中，欣赏着其中的美。那么，在课程改革的今天，教学板书的作用是不是还十分重要呢？是不是可以用多媒体取代板书呢？是否重要、是否能够取代要研究一下它的功能是否能够被替代。利用板书（板画）对教学中学生的信息加工过程进行选择、编码和储存的过程表现出的基本功能为以下四个方面。

1. 提示要点

概括教学内容中核心的、重点的内容和教学内容中利于学生能力发展的知识点，用简洁的语言、图表和示意图等表示在黑板上，因此，板书的过程是抽提要点的过程。

2. 抽象概括

板书的过程往往是将图片、视频等直观信息，教学语言等翔实的信息进行简约抽象，用简洁的文字、符号、图表等表达在黑板上的过程，因此，抽象概括是板书技能中不可缺少的要素。教师在教学设计中要精心设计板书，实现抽象概括过程外显化。在教学过程中，要在语言等其他媒体的配合下，流畅地完成这一教学过程。

在教学中，能够很好地实现这一功能的板书形式包括：文字要点提示类型、图表对比类型、板图类型、表格类型的板书。

3. 回忆再现

记忆，是“记”和“忆”的完整过程，其中包括识记、保持、再认或重现3个基本环节。识记就是认识和“记住”事物，是记忆的开端，没有识记就不能形成任何经验；保持是巩固经验的过程；再认或重现是在不同情况下恢复过去经验的过程。

有经验的老师会精心设计一节课的板书，随着学习进程板书逐渐展开，一节课结束在黑板上的创造也结束。随着进程逐渐积累板书，前面的重点学习内容在黑板上清晰地重现，驻留在学生的眼睛中，再现、重复、强化。

利用板书以视觉方式驻留信息的特点，实现教学资源信息的随时存储和及时调用，以此简化教学中口头语言的表述，可以促进学生形成连贯的思考。

4. 良好示范

教师能写得一手好字、能在黑板上提笔画出逼真的图象，学生会钦佩你，会模仿你。在你的记忆中可能也有曾经对一位老师的黑板字或者黑板画钦佩不已的经历。

教师精心设计的板书，简洁、明了、巧妙，表现出教师缜密的思维，在帮助学生梳理了知识线索的同时，其对比、推理、概括等的思维方法同样给学生以良好的示范。学生会学着教师的思维方法，进行章节复习和自学。

这样，概括教学板书的功能是具体走向抽象的桥梁；是复杂达成简洁的过程；是理解和记忆的工具。有一个盲人博士在回忆他的求学经历时说道：在和正常人一起坐在教室中学习的时候，他要花费几倍于正常人的学习时间，他要不断重复教师的话，努力记住那些核心的内容，然后在大脑中构成一些图画。盲人在大脑中编织的图画就应该是教学板书的内容，因为他看不到教师书写的教学板书，他要自己完成从具体到抽象，从复杂到简洁的过程，因此他要用几倍于常人的时间。

通过以上的分析可以看到，一方面，在当前多媒体运用和黑板共同存在的教室环境中，教学板书还是具有其独特的、重要的功能的。从教师运用多媒体课件情况分析，多媒体课件还不能完全取代板书的作用，因此，“多媒体课件 + 板书”的教学媒体形式是当前课堂教学中实用、有效的形式，应该得到大力推广。

四、板书技能的理论依据

1. 板书与教育学原理

（1）参与过程原理。

当前我们的教学过程更注重使学生参与教学过程，不只知道学什么，而且知道怎样学。优秀教师的教学应引导学生从形象思维到抽象思维，并注重这一转化过程学生的认知发展规律。关注学生从理解到记忆，再到运用的过程，从而有效地提高学生的学习能力。板书正是关注和强化这一过程的，教师的板书技能正是保证这一过程实现的，面对当前教师板书技能中的问题，训练和提升的方向也正是要加强这一功能的发挥。

（2）直观教学原理。

教学往往是从直观开始，板书是通过黑板对学生进行直观教学，发展学生的观察力、思维能力，如教师的板图、板画等。教师也通过板书运用直观材料，抽提本质内容，如图表、文字要点说明等板书。因此，教师尤其要注意发展自己的这些板书技能。

（3）参与教学原则。

教学是师生双方活动的过程，教师利用板书能够更好地实现学生参与教学过程。学生发言的精彩要点被教师记录在黑板上；教师简明的板书帮助学生学会记笔记，帮助学生主动地理解记忆本节课的主要内容，帮助学生进行复习；教师积极地评价学生在黑板上的板演过程等。

2. 板书与心理学原理

（1）视觉原理。

心理学实验证明，外界进入人脑的信息，有90%以上来自眼睛，现代信息科学的观点分析，学习知识的过程，其记忆公式为“记忆 = 视觉85% + 听觉10% + 触觉5%”。

可见，视觉在记忆中的作用。如果能够将教师的语言与板书和媒体运用有机结合，将能够收到理想的教学效果。

（2）记忆原理。

在信息的处理上，记忆是对输入信息的编码、贮存和提取的过程。人的记忆的能力从生理上讲是十分惊人的，每个人的记忆宝库被挖掘的只占10%，还有更多的记忆发挥空间。好的板书是对知识作高度概括之后，条理化地反映出来的书面语言。心理学告诉我们，条理化的知识是既便于迁移，又便于记忆的。板书的直观、鲜明，也是便于记忆的原因之一。因为有了板书，学生不单是“听”，而且还可以“看”，且可反复再现，有回旋余地。一般说来，学生也常喜欢把板书抄在笔记上。耳、眼、手多种感官协调活动所产生的记忆效果，自然远远超过“耳听”的记忆效果。我们听优秀教师讲课，一节课尽管内容多，又有一定难度，但学生往往凭借板书就可以把一节课内容原原本本地复述下来，甚至是过很长时间，一想起板书这节课的内容和情境就能够再现出来。

（3）注意原理。

注意是人的心理活动对一定对象的指向和集中。某件事物对我们有着特殊的意义，我们的认识活动就指向它，并集中精力去考察它、思考它，以提高我们对这件事物在感性上、理性上或行动上的积极性水平，这就是注意指向性和集中性。指向性和集中性正是注意的两个特点。注意的指向性显示出人们在认识事物的过程中，并不是把当时所有起作用的刺激物都作为自己认识的对象的，而是有选择地从这些刺激物中选出那种有现实意义的事物作为自己认识过程指向的对象。注意的集中性显示出人们的认识过程不仅有选择地指向一定的对象，而且相当长久地坚持指向这个对象，离开一切局外的、与这一对象无关的东西，抑制那些与这个对象相对抗的东西。由于心理活动对一定对象的指向和集中，这些少数对象就被清晰地认识出来。板书可以利用不同颜色、符号、图表和字体等作为刺激物，并借助变化引起学生的无意注意，利用板书诱导、板书设问等方法引起学生的有意注意，并逐步引起兴趣。

第二节　板书技能要素及操作要点

一、板书技能要素及说明

1. 书写绘画

书写绘画是板书技能中的基础技能，依赖于教师平时熟练的书写绘画的教学基本功。

2. 结构布局

结构是指板书的内容安排，包括标题的设计、板书类型的选择、板书内容出现的先后次序、各部分之间的联系，也包括文字的详略大小、符号的运用等。布局是指各部分板书在黑板上的空间排列，以及与语言、与其他教学媒体的合理搭配等。

3. 概括要点

应该说，抽象思维能力的培养是能力培养的高级阶段，教学过程往往要从感性到理性；从分析到归纳概括。仅仅是分析虽然能够阐明要点，但难以记住。

4. 回忆再现

有经验的教师会精心设计一节课的板书，随着学习进程板书逐渐展开，一节课结束在黑板上的创造也结束。随着进程逐渐积累板书，前面的重点学习内容在黑板上清晰地重现，驻留在学生的眼睛中，再现、重复、强化。

利用板书以视觉方式驻留信息的特点，实现教学资源信息的随时存储和及时调用，以此简化教学中口头语言的表述和促进学生形成连贯的思考。

附：板书技能要素与指标。

板书技能要素与指标

技能要素	指标 1	指标 2	指标 3
书写绘画	板书有完整标题与主要教学内容，无科学性错误。	笔顺、格式正确，符号规范。	文字、绘画美观。
结构布局	重点内容要点鲜明，要点之间建立合理的联系。	布局合理，大小适当，便于观看，给人美感。	随着教学进程自然生成。
概括要点	能用简短的文字、图片、符号表达教学重点。	要点突出，条理清楚。	通过板演能把要点分析到位。
回忆再现	与讲解紧密结合。	板书设计有层次。	能体现通过文字、图表等进行概括总结的过程。

二、板书技能要素的操作要点

1. 书写绘画的功能与操作要点

（1）写好字。

课堂板书对学生的书写能力有着重要的影响。学生的写字、画图、公式演算等方面的能力，是在课堂教学的动态过程中向老师学来的。教师在黑板上写下的每一个字，每一个动作步骤，都在传授知识的同时，向学生书写示范。

写好字的具体要求是安排好字的间架结构、笔顺笔画的书写正确规范和有一定的书写速度。教师不仅要写好钢笔字，更要写好粉笔字，这需要一个持续练习的过程。

（2）画好板图。

板图也是教师教学的基本技能，要图形标准、符号规范、格式正确，掌握学科教学基本的绘图要求。首先，练习着把这些板图画好；然后，练习边画边讲，这样勤奋地自我训练会使你提高。

（3）书写姿态。

书写绘画技能还包括要有正确的书写姿态，教师板书时要面对学生进行书写，往往要边讲边写，要让写为学习教学内容服务。因此，教师的书写就不是单纯的写好字，书写时的教态也很重要。教师板书时不应该长时间地挡住学生的视线，书写姿态要自然舒畅。

2. 结构布局的功能与操作要点

（1）板书内容要整体设计。

一屏黑板写多少字，写多大字，文字简洁而不失意义，图表有效地传递教学信息等问题都需要在教学设计中很好地解决。在教学过程中需要教师用板书很好地承载教学内容，展开教学内容。

（2）板书的空间排布要整体设计并随机生成。

很多板书是顺序生成的，学生根据教师板书的情况，理解知识的同时，也完成笔记。如果板书的设计不是按照黑板从上而下，从左向右展开，而是跳跃式的利用黑板，就要先给学生一个提示，使学生的笔记能够与板书合拍。不管是顺序还是跳跃式，其依据都是教学的需要，都是在展开教学内容的过程中展开板书的。一节课下来，清晰完整的板书呈现在学生们的面前。

（3）与其他媒体的有机整合。

板书作为一种书面语言，必须与讲解紧密结合，与其他教学媒体紧密结合，与教学活动紧密结合，因此，板书的书写时间就十分重要，恰当的书写时间才能有效地发挥板书的作用。

3. 概括要点的功能与操作要点

（1）通过板演、板图、板画等分析到位。

教师的板图、板画过程都是教师带着学生对问题的深入分析过程，深入的分析，对事实材料的深入理解是学习的第一步。这时需要教师具有良好的板演、板图和板画的能力，并且能够边演、边讲。

（2）通过图表、文字等抽提要点。

板书的过程往往是将图片、视频等直观信息，教学语言等翔实的信息进行简约抽象，用简单的语言、符号、图表等表达在黑板上的过程。因此，抽象概括是板书技能中不可缺少的要素。教师在教学设计中要突出设计板书如何实现抽象概括的过程，尤其用简洁、结构化的形式承载教学内容，注意用简洁的文字呈现要

点，注意用鲜明的符号呈现要点之间的关系等。

（3）通过语言与板书和媒体运用的结合强化抽象过程。

由于其抽提、概括要点的过程十分重要，板书的过程还需要结合教学语言强化这一重点过程，当前教学板书的流失其一大原因就是没有了板书的过程性，教师在处理一个难点内容的时候，忘记了板书的集中能够发挥很好的作用。

4. 回忆再现的功能与操作要点

（1）要点突出、观点鲜明的板书。

要点突出，观点鲜明的板书利于回忆和再认，利于识记。从事实分析，到抽提出要点，到通过板书对这一要点进行强化。其结果能够达到帮助识记的目的。

（2）结构良好、层次清晰的板书。

一屏板书除了科学、鲜明的要点阐述外，还要关注其内在的结构，要点和要点之间具有怎样的联系呢？要点之间呈现了怎样的关系呢？在明确了这种结构后，我们要设计板书的呈现形式，往往要点要用文字表示，而这种关系就用一些符号和文字呈现。而这种呈现越简明，关系越鲜明就越便于识记和再认。

（3）过程设计、随机生成的板书。

当板书内容设计的要点科学、鲜明，结构合理、完整后，还要设计在什么时候呈现板书，怎样将板书与讲解紧密结合，怎样将板书与其他媒体运用紧密结合等问题。这样利于识记和再认。

（4）通过板书适时强化。

板书内容需要不断强化，一方面需要通过重复进行强化；另一方面一节课的内容书写完成后，需要利用板书进行复习。这是因为仅仅读一遍板书内容往往效果不理想，而教师用彩色粉笔对重点内容的标注十分重要，这样往往又可以生成新的内容，加深理解。还可以用练习的形式，但做练习的过程离不开对板书中内容的强化。

（5）通过板书训练学法。

教师写板书，学生记笔记，这是传统教学中非常有效的学习方式。从教师写到学生写这一行为表现中实现了教师教到学生学的过程。学生的识记和再现就在其中了。因此，教师在进行教学设计的时候不能离开对学生如何记笔记、如何利用笔记进行复习的指导。

三、板书与其他媒体的整合

现在多数教室环境是多媒体 + 板书的环境，教室正前方一半是板书，一半是多媒体屏幕。这样的环境有利于将多媒体课件与板书结合。

1. 边板书边讲解

边板书边讲解是常用的教学形式，讲解的过程是分析、类比、提示、解释的过程，这时语言的作用十分重要，如果仅仅在讲解，而没有适时的板书，讲解的内容无法驻留，就会出现这样的现象：听明白了，就是记不住。这时，板书起到了强化的作用，抽出要点，写下来，强化一遍，又驻留在眼前，不断刺激。由于板书是简明的、结构的、符号化的，就更加利于记忆知识。

2. 运用多媒体课件与板书的整合

多媒体课件中大量图片、视频、动画素材，丰富了感性世界，丰富了支撑概念、观点建立的感性材料，能够形象生动，这是多媒体课件的优势，如果能够有效地结合板书的归纳要点、建立联系、强化重点等作用的发挥，将能够实现教学的优化。多媒体课件运用的初期阶段，曾经走过了重视课件媒体运用而忽视板书的阶段，现在，广大教师们通过实践已经发现了课件与板书各自的优势，而且是各自不同的、可以相互补充的优势。板书在被冷落了一段时间后，很多教师已经意识到板书的作用，并开始了在教学设计和实施中对课件媒体运用和板书结合的探讨，这是经过实践、经过反思带来的，很珍贵的教学经验。

3. 用板书整合多种媒体

当观察一节课的时候，还会发现教学板书能够成为整合各种媒体的中介手段，因为，板书往往能够实现抽提要点，符号表示，形成概念的作用。因此，在一节课的教学设计中教学板书往往能够成为核心，实物、模型媒体运用，多媒体课件，教师的讲解都通过板书驻留下来，成为学生记忆的要点内容。因此，板书在多种媒体的整合中就成为了一个核心的手段。

第三节　板书类型及板书技能应用策略

一、板书的类型

板书按照呈现方式可以分为以下几种。

1. 提纲式板书

提纲式板书是教师通过对教材内容的分析和综合，按教师讲解的顺序，提纲挈领地编排书写的形式。这种形式要点突出、层次分明，便于学生抓住要领和知识间的内在联系，培养学生分析和概括的能力。（参看案例1）

2. 线索式板书

线索式板书是以教材提供的线索（时间、地点）为主，将教材的梗概一目了然地呈现在学生面前，使学生对教学的主要内容有所了解。这种板书形式的指导性强，对于复杂的过程能起到化繁为简的作用，便于理解和记忆。（参看案例2）

3. 表格式板书

表格式板书是根据教学内容明显分项的特征或对比性要求而设计成表格形式，提出相应的问题让学生思考，提炼出简要的词语填入表格，可以师生边讨论边把关键词填入表格，也可以先把内容分类有目的地按一定位置书写，归纳、总结时再形成表格。此类板书优点：便于比较，容易记忆。（参看案例3）

4. 图示式板书

图示式板书是在黑板上画出具有一定意义的线条、箭头、符号等组成某种文字图形的板书形式。它的特点是形象直观地展示教学内容，能使人一目了然。它能引起学生的注意，激发学习的兴趣。（参看案例4）

5. 对比式板书

对比式板书是将具有明显的相似（异）点或有可比性的内容在板书中做对照，帮助学生理解和记忆，培养学生的求同或求异思维。比较式板书要求教师善于寻找英语教材中具有可比性的素材，将其一一对应呈现出来，从而起到鲜明的

对照作用。（参看案例5）

6. 词语式板书

词语式板书是教师在对所讲授内容深入研究的基础上，从中找出一些关键性、概括性的词语或者总结出一些能准确反映所学内容的词语，有序地书写在黑板上的板书。词语式板书通过运用具有内在联系的关键词语，引发学生思考，加深对教学内容的理解和记忆，促进学生思维能力的提高。（参看案例6）

7. 图文式板书

图文式板书要求教师根据教学内容精心设计，将文字、符号、简笔画以及图表等有序排列，做到形式多样、协调匀称、布局合理，给人以和谐的美感。图文式板书将文字与图画相结合，将抽象的事物直观、形象地呈现出来，有利于营造活泼灵动、富有创意的教学情境。（参看案例7）

8. 思维导图式板书

思维导图（Mind map）是英国著名心理学家托尼·巴赞（Tony Buzan）在研究大脑的潜能过程中，于19世纪60年代发明的一种思维工具。思维导图充分发挥大脑思维的“想象”与“联想”的特点，将你的思维过程以图像的形式呈现出来，使你能迅速地把握重点、分清层次，构建系统化的知识体系。思维过程的可视化提高了学生的学习兴趣和学习效率，从而促进了课堂教学效能的提升，更重要的是促进了学生逻辑思维能力的发展。（参看案例8）

此外，按照书写时间，可以分为三种：一是先写后讲，一般需要学生对某一个事物先有一个全面的了解，采用先写后讲的方法。讲解的方法是从整体到局部，板书起到引导、定向的作用。二是先讲后写，通常是在教师利用板书帮助学生回忆所学过的学习内容要点或学习新内容时使用。讲解的方法是从局部到整体，板书的作用是归纳总结，复习巩固。三是边讲边写，一般是教师利用画板图或写图示式的板书时，讲解与板书相结合的方式。首先，教师在黑板上确定书写、绘画的位置；然后按照学习的顺序边讲边画。一个过程或某种结构讲完，板书或板图也就完成了；最后，教师进行归纳总结，并检查学生的理解情况。

二、板书技能的应用策略

板书设计是教学设计中的画龙点睛之笔，是一节课的精华。好的板书可以帮助学生把握重点、厘清思路 ，除了增强课堂教学的吸引力、感染力和启发性之

外，它还能培养学生的分析能力、概括能力，启发思维，发展智能。在板书技能训练过程中要注意以下几个问题。

1. 科学准确，重点突出

板书是教学内容的精华，能帮助学生构建知识框架，因而板书必须科学准确地呈现知识，较好体现教材内容的连贯性、逻辑性和层次性，不能犯知识性的错误。板书应根据学生的年龄、知识水平和接受能力进行设计。书写时做到格式正确规范，要用手写体，不能连笔，不能倒插笔，给学生正确的示范，板书内容不能有知识性错误。板书是教师提纲挈领地反映教学内容的书面语言。板书内容应精练简洁，提炼教学内容的关键信息，突出重点，以简明扼要的形式呈现给学生。

2. 形式多样，布局合理

新颖、独特的板书设计容易激发小学生的兴趣，振奋学生的精神，收到意想不到的教学效果，而千篇一律、囿于固定模式的板书势必会令学生感到厌倦。因此，板书的形式应求新、求活、求变。教师要根据教学内容和教学实际，努力设计出体现教材、有助于学生理解教材和拓宽知识面的板书形式。另外，对板书的内容安排，包括标题的设计，板书内容出现的先后次序以及各部分之间的呼应和联系，文字的详略、大小和去留，符号的运用等需要做科学、有效的设计和呈现。一般来说，板书的主体内容应置于黑板的中间位置，辅助内容放在两边，并且可以随时更换新的内容。板书要疏密适当，不能过于拥挤。

3. 动态生成，适时呈现

富有生命力的板书应该随着教学的进程，随着学生的学习变化不断生成，板书的生命力就在于它的动态生成性。教师应把握好板书的时机，对于何时板书课题、何时板书重点和难点内容、何时板书练习题、何时擦去不需保留的内容等，都应事先做好统筹安排。板书过早或过迟都起不到应有的效果。一般而言，对于小学低年级学生，教师可以先写后讲或边写边讲；对于小学高年级学生，则可以先讲后写或边讲边写。启发思维的内容应在讲解之前板书，结论性的内容则应在学生充分思考或讨论之后板书。板书呈现适时、适用，在动态中不断生成，在动态中不断完善，在动态中收获课堂的精彩。

第四节 案例分析

案例1：提纲式板书

【案例呈现】①

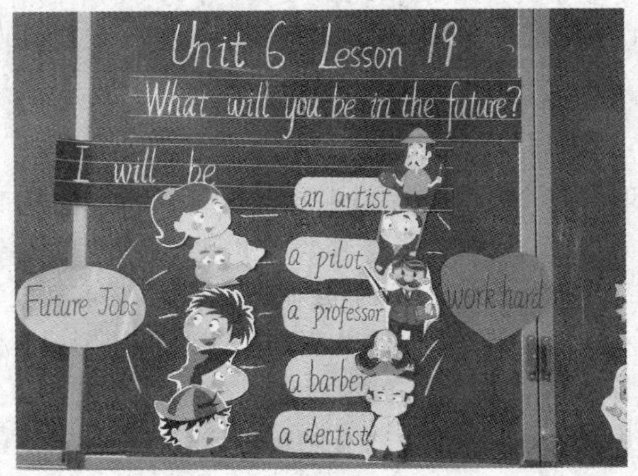

【案例分析】

这是小学英语常见的板书形式。本课是北京版教材五年级下册 Unit Six Lesson 19 学习课，主要通过两段对话学习询问他人未来从事何种职业的交际用语 What will you be in the future？并作出回答，同时学习五个表示职业的词汇。本板书中心部分板书本课重点句型：What will you be in the future？及其答语 I will be ...并且把本课新授职业类词汇与课文中几个人物的头像对应板书，同时职业类词汇图文匹配，便于学生清晰地理解课文中几个主要人物将来想从事什么样的职业。通过对课文的整体学习，最后板书 work hard，教育学生要想从事自己理想的职业，就要努力学习和工作。

本案例反映了所有的板书要点，教师书写规范正确、版面美观，通过文字抽提要点，很好地突出了本课的重点句型和词汇，既要点突出，又简洁美观。

---

① 案例作者：北京市大兴区长子营镇第二中心小学刘卓君。

案例2：线索式板书

【案例呈现】①

【案例分析】

本课为绘本阅读课，教学内容为《攀登英语阅读系列：分级阅读第三级》中绘本《I Want to Move》。绘本主要内容为小兔子汤姆想搬家，于是他离开了和爸爸妈妈一起生活的地洞，开始了寻找“新家”的旅程。在途中汤姆遇到了小鸟、蜘蛛和蟋蟀。他想和这些动物一样住在树上、蜘蛛网里和草地上，却不断遇到危险。正当汤姆感到难过和恐惧时，父母及时出现并将他接回了家。

本板书以小兔子的家为出发点，紧紧围绕“小兔子搬家”这个线索，以“What animals does he meet? Can he live with these animals?”这两个问题引导学生学习绘本，动态生成本环形板书（环形即小兔子离家寻找新家所走的道路）。在最后的岔路口，老师提出问题：小兔子是继续寻找新家还是回自己的家呢？通过阅读感受到小兔子父母对他的爱，最后完成小兔子被父母接回家中的板书。

本板书线索清晰，加之主要句式结构的辅助，把绘本内容生动形象地展示在黑板上，有助于学生根据板书的线索和关键词及主要句式理解和复述故事内容。

---

① 案例作者：北京第二实验小学大兴实验学校孙婷婷。

案例3：表格式板书

【案例呈现】①

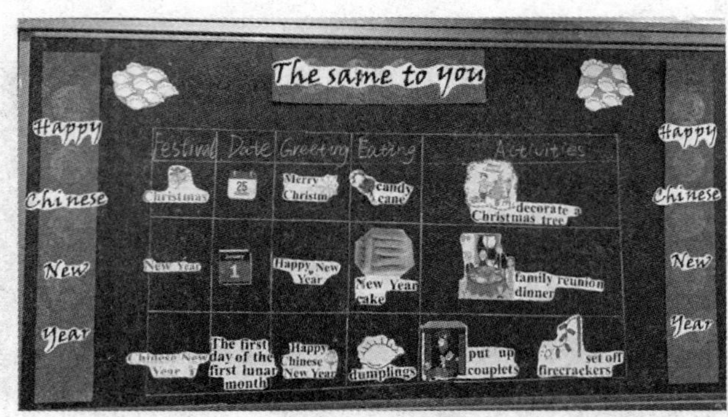

【案例分析】

这是一节复习课，教师带领学生围绕 Christmas/New Year/Chinese New Year 三个节日，从 date、greeting、food、activities 四个方面，梳理总结与节日相关的知识内容，复习了节日问候语、日期表达法、每个节日的特色食物及特色活动。本板书横看有利于学生掌握从哪几个方面介绍节日，纵看又能帮助学生通过对表格中内容的对比，感受中西方国家节日文化的异同。本板书的版面设计突出节日氛围，图文并茂，吸引学生学习兴趣，同时培养学生归纳和概括能力。

【案例呈现】②

① 案例作者：北京市大兴区旧宫实验小学李岩。

② 本案例还原自第七届全国小学英语课堂教学观摩研讨会（略有改动）作者：韩超。

【案例分析】

这是一节语篇教学课，主题是 Seasons In Canada. 主要内容是 Mike 给朋友介绍加拿大的四季。本板书提炼了语篇当中的重点内容，即加拿大四季的特点以及 Mike 在每个季节能做的事。学生通过预测、提问，带着问题阅读、找关键信息阅读等不同方式的阅读，构建了以上板书。通过本板书学生能够非常清楚地理解语篇的重点内容，同时又能够在板书的支持下对课文进行复述，为自主表达在喜欢的季节做喜欢做的事作了很好的铺垫。本板书重点突出，布局合理，简洁美观，有层次性。本表格式板书不仅条理清晰，概括性强，对锻炼学生的分析归纳能力也能起到很好的示范作用。

案例 4：图示式板书

【案例呈现】[①]

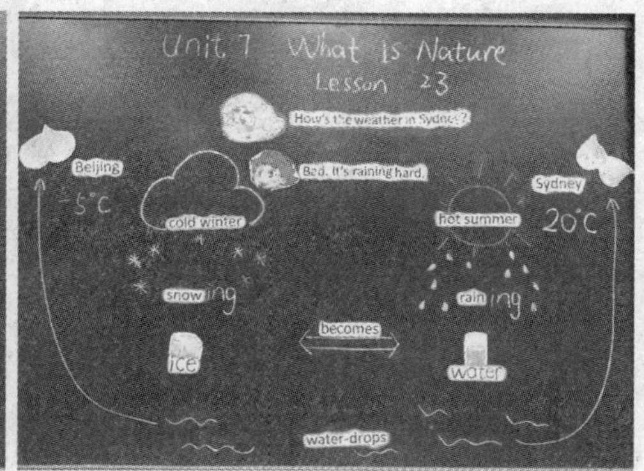

【案例分析】

这是北京版教材英语四上第七单元新授课。主要谈论身边的自然现象，冰、雪、雨、水的变化，和与人的关系。本课文内容涉及两大重要部分：情景一的气候的形成和情景二谈论天气。其中情景一气候的形成涉及科学知识，是学生理解的难点。教师将科学和英语学科整合，利用图示式板书，并配合多媒体动画，帮助学生理解水和冰、雨和雪相互转化的原因。板书核心部分是本课谈论天气的重点句型，左右两边是同一时刻两个国家完全不同的温度、天气情况，通过关键

① 案例作者：北京市大兴区魏善庄第二中心小学梁依珊。

字、图片、简笔画、箭头等自上而下清晰地演示了雨雪之间的相互转化及水滴的循环过程。学生在板书的引导下，能够比较容易地理解和表达本课学习的主要内容。

案例5：比较式板书

【案例呈现】①

【案例分析】

本课学习内容是改编的绘本故事《The Magic Paintbrush》即神笔马良的故事。教师通过三个主要问题“Did he help people?”“What did he paint?”“Was it real?”引导学生进行讨论，通过对比式板书，习得了语言，厘清了故事的脉络，通过马良和坏人的对比，起到了鲜明的对照作用，不仅加深了学生对文本内容的理解，而且潜移默化地对学生进行了思想教育。

---

① 本案例还原自第七届全国小学英语课堂教学观摩研讨会。作者：何浩程。

案例6：词语式板书

【案例呈现】①

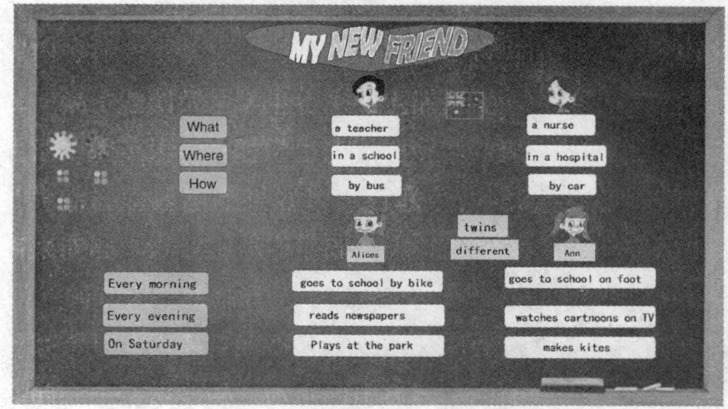

【案例分析】

这是一节阅读课，主要内容是介绍我的新朋友 Alice 及其家人的基本情况。文本内容比较长，为帮助学生更好地理解文本，老师把板书分成两部分，即 Alice 父母的基本情况，Alice 和双胞胎姐妹的基本情况，提炼出关键词语，并且采用比较的格式，使得本课主要内容一目了然地在黑板上呈现，学生很容易理解和掌握，并且学生能根据板书很快地复述课文。本板书体现了文章的整体结构，有助于帮助学生形成对篇章主题的完整概念。

① 本案例还原自第七届全国小学英语课堂教学观摩研讨会。作者：冷瑾。

案例7：图文式板书

【案例呈现】①

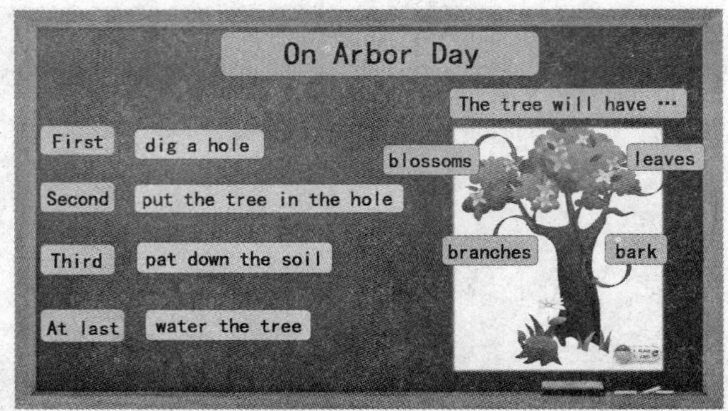

【案例分析】

这是一篇短文，主要介绍“我”一家人在植树节进行植树活动。教学目标是能够理解、认读和植树有关的词汇或短语，能够描述树的结构、植树过程。本板书生动形象地再现了本课教学重点，教师通过带领学生进行各种形式的阅读，提炼出语篇中的关键词，左侧是植树的过程板书。按照植树的顺序，用 first—second—third—at last 四个表示先后顺序的关键词，加上相应的行为短语，清晰地呈现了植树的过程。右侧是一棵树，在树的各部分标出相应词汇，图文相结合，把抽象的树的各部分名称直观地呈现出来，使原本枯燥的知识学习变得生动形象，这样的设计既便于学生对文本内容进行复述和记忆，又能提高他们学习的积极性。

① 本案例还原自第七届全国小学英语课堂教学观摩研讨会。作者：陆勤劳。

【案例呈现】[①]

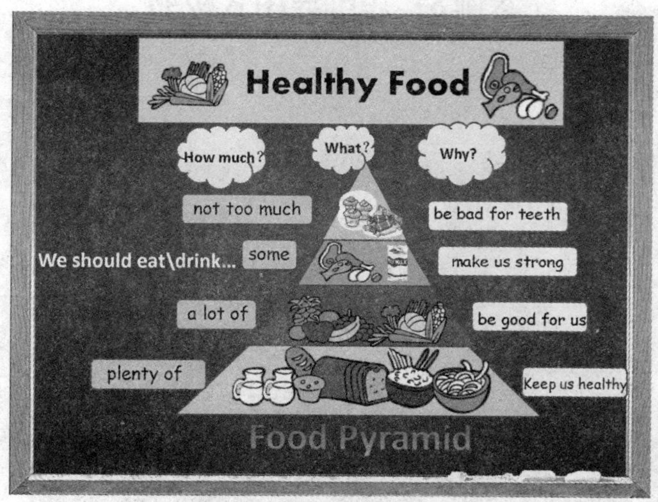

【案例分析】

本节课是一节阅读课，文本内容关于健康饮食。教师采用任务型教学法，以 What food and drinks are mentioned? How much should we eat? Why should we eat like this? 三个主要问题为引领，提炼表示食物数量的关键词语和表示原因的短语，配上各种实物的图片，帮助学生自主构建健康饮食金字塔，传达出正确的健康饮食的信息，便于学生理解和掌握。本板书布局合理，层次分明，很好地呈现了本节课的重点内容。

① 本案例还原自第六届全国小学英语课堂教学观摩研讨会。作者：李磊。

案例8：思维导图式板书

【案例呈现】①

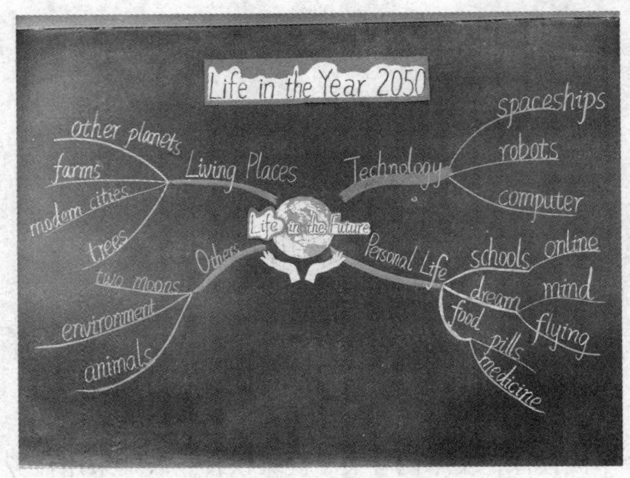

【案例分析】

这是北师大版小学英语六年级教材一节阅读课。主要内容是几个孩子谈论未来的生活。Life in the Future 是一个抽象的话题，为了培养学生的逻辑思维能力，教师基于文本内容层层构建了以 Life in the Future 为核心的 Mind Map。第一步，快速阅读，找出一些零散信息；第二步，教师帮助学生进行归纳，总结出表示范畴的词，如 living places，technology 等；第三步，基于对文本信息的梳理，启发学生对未来生活进行畅想，给出自己的 ideas，进一步完善思维导图的其他分支及更细的分支。这样做既能优化信息，帮助学生梳理思维的轨迹，更深层次挖掘了学生的想象空间，还能为后面的展示提供信息支架，为接下来的讨论作好铺垫。

① 本案例还原自第七届全国小学英语课堂教学观摩研讨会（略有改动）。作者：王红。

附　录　板书技能评价量规

要素	优秀	良好	尚可	需努力	权重
书写绘画	板书文字的结构、笔顺正确、美观，有一定的书写速度；图形标准、符号规范、格式正确，掌握英语教学基本的绘图要求；文字、绘画美观；边讲边写，动作自然流畅，学生观看无障碍。	板书文字的结构、笔顺正确，有一定的书写速度；图形标准、符号规范、格式正确，掌握英语教学基本的绘图要求；文字、绘画美观；边讲边写，不长时间挡住学生的视线，动作自然流畅。	板书文字的结构、笔顺正确，有一定的书写速度；图形标准、符号规范、格式正确。	板书文字的结构、笔顺正确，但板书或绘画不美观。	0.2
结构布局	重点内容要点突出，要点之间建立合理的联系；空间整体设计美观，随着教学进程生成，最终构成完整的内容结构；与语言、多媒体等紧密结合，自然生成。	重点内容要点鲜明，要点之间建立合理的联系；有空间整体感，随着教学进程生成，最终构成完整的内容结构。	重点内容要点鲜明，要点之间建立合理的联系；有空间整体感。	结构布局比较凌乱。	0.2
概括要点	通过板演、板图、板画等分析到位；通过图表、文字等抽提要点；板书与语言、媒体结合，强化生成过程。	概括内容分析到位；通过图表、文字等抽提要点；板书与语言、媒体结合，强化生成过程。	通过板演、板图、板画等分析到位；通过图表、文字等抽提要点。	没有清晰地概括、分析要点。	0.4
回忆再现	结束时板书概括突出重点内容要点；生成的板书有层次设计；有通过文字、图表等进行概括总结的过程。	结束时板书概括了重点内容要点；生成的板书有层次设计；有通过文字、图表等进行概括总结的过程。	结束时板书概括了重点内容要点。	板书的内容不是教学重难点。	0.2
备注					1

第八章

沟通技能

学习目标

- 表述：沟通技能的定义及说明
- 了解：沟通技能由哪些要素构成
- 分析：沟通技能由哪些类型构成
- 应用：沟通技能在改善课堂教学氛围中使用的策略有哪些
- 效果：沟通技能的功能和原则
- 反馈：沟通技能评价要点

第一节　沟通技能的定义及说明

一、沟通技能的定义

所谓沟通技能，是指具有收集和发送信息的能力，能通过书写、口头与肢体语言的媒介，有效与明确地向他人表达自己的想法、感受与态度，亦能较快、较正确地解读他人的信息，从而了解他人的想法、感受与态度。沟通技能涉及许多方面，如简化运用语言、积极倾听、重视反馈、控制情绪等。课堂中的沟通技能是指教师在与学生的交往中运用语言、情感手段，通过倾听、反馈，交换观点、意见，实现理解、信任、尊重，彼此接纳、合作，达成共识，创设和谐的学习氛围，形成良好的人际关系的一类教学行为。

二、沟通技能的理论依据

其一，皮亚杰的建构主义学习理论的内涵有如下表述：知识不是通过教师的传授得到的，而是学习者在特定情景的感染中、特定情绪的撩拨下，借助于必要的学习资料，自己感悟、理解而获得的。

其二，脑科学研究表明，人不但有一个理智的大脑，还有一个情感的大脑。人的脑干调节生命的基本功能，这个部位谈不上思维与学习。自脑干又发展出情绪中枢，在情绪中枢之上又发展出思维中枢，这一部位称为“新皮质”，它包裹覆盖在大脑球体的最外层。因此，人脑先有情绪中枢，再慢慢发展出思维中枢。情绪具有干扰思维的强大功能，这就是思维往往难以抗衡情感的原因。

其三，苏霍姆林斯基：没有欢欣鼓舞的心情，学习就会成为学生沉重的负担。教学语言如果没有情感的血液的流动，就会苍白无力，索然寡味，学生对知识的感悟就会迟钝。

其四，顾明远先生说：“教育是理解，是信任，要沟通，在沟通和理解的基础上，建立师生民主、平等、和谐的关系，这种关系是巨大的教育力量。”

三、课堂沟通技能的说明

调查研究表明，在课堂教学中，教师的“教”与学生的“学”是在沟通中进

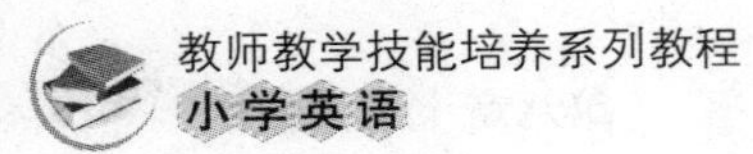

行的。教师在教育工作中出现的近70%的错误是不善于沟通造成的。教师要创设和谐支持型的教学氛围，避免消极防卫型和紧张对立型的教学氛围。教师有效地运用语言沟通技能就是实现创设良好教学氛围的重要手段，师生沟通的质量决定着教学在多大程度上的有效性。以下列举运用教学语言沟通的几个要点，进一步说明：

- 有情感地与教学情境相适应；
- 语言要生动、形象、富于变化；
- 有条理、严密；
- 表达内容正确；
- 要善于潜移默化地熏陶、教育学生。

第二节　沟通技能的要素及操作要点

一、沟通技能的要素及说明

课堂教学的效果取决于师生双方互动交流的沟通状况。教学并不是单向信息传递的简单方式，教师只有判断出师生交流是否成功，并据此进行反馈矫正，才能达到预期的教学效果。

近年来，人们对沟通的研究逐渐建立了相关模式，如美国心理学家拉斯韦尔的沟通“五W”模式：

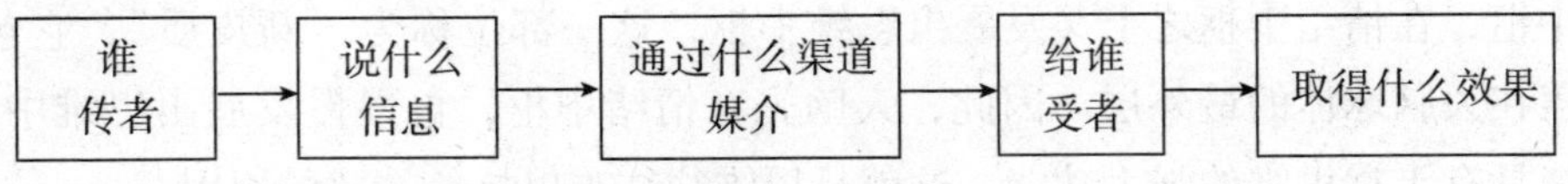

又如，奥斯古（德国）的“循环模式”：

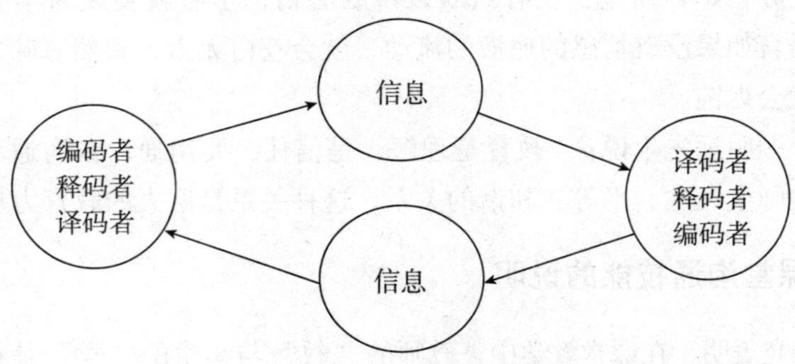

二、沟通技能要素的操作要点

依据上面图示描绘的沟通模式，我们发现在课堂教学中，主要应有沟通情感、沟通目标、沟通手段、沟通反馈、沟通效果五大要素。在课堂教学中，如果从整体上观察沟通过程，就会发现教师与学生之间的沟通是一个全方位的复杂的教学行为，它渗透在整个教学活动之中，而且认知和情感是相互交融的。

1. 沟通情感

沟通情感是教师与学生沟通的前提，没有这个前提作基础，就失去了沟通的基本条件。教师的沟通情感有：尊重与接纳，真诚与信任，公平合理，理解与宽容四个要点。

2. 沟通目标

明确的沟通目标，标志着沟通的方向性。在课堂教学中，教师的沟通目标由教学任务决定，如认知目标、方法目标、能力目标、情感目标等。在处理突发事件的时候，一般目标都是简单明确的，但教师锁定的目标一定要准确。正确的决心来源于正确的判断，正确的判断来源于周到细致地观察。可以这样说：观察准确了，判断对了，确定什么目标，下定某种决心对有效沟通是非常重要的。

3. 沟通手段

沟通手段决定沟通的信息传递方式，在课堂教学中教师的沟通手段主要有：说服批评、表扬与鼓励、移情、谈心、幽默、体态、暗示、沉默等。教师运用沟通的手段是多种多样的，这些手段与语言有机地配合，形成一个有机的整体，就能较好地实现沟通目标。

4. 沟通反馈

事实上，大多数成功的沟通信息并不是线性单向传递的，它必须伴随着信息的反馈和矫正，然后达到教师对教学的预想目的。所以反馈是沟通不可缺少的要素之一。反馈应对如：①激将；②真情感化；③设置悬念；④奖励与惩罚。运用奖励手段鼓励正当行为，通过惩罚制止不良行为，两种手段都是为了实现有效地沟通。但是，惩罚要慎用，学生出现失误，不要“讥笑”“讽刺”，适当的“责备”与“训斥”在私下里比当众的效果要好。

5. 沟通效果

教师在课堂教学中通过沟通的手段如果达到了目的，就是有效的沟通，如果没有达到沟通目的则沟通无效。

第三节　沟通技能的类型及课堂应用策略

一、沟通技能类型及说明

课堂教学的沟通根据沟通媒介不同可以分为：口头沟通、体态沟通、文字沟通、媒体沟通。

根据沟通的组织程度不同可分为：正式沟通、非正式沟通以及群体沟通和个人沟通。

课堂教学中的沟通方式很多，通常可以归纳为情感沟通、认知沟通、群体沟通和个人沟通 4 种类型。

二、沟通技能类型的操作要点

1. 情感沟通

赞可夫说：教学一旦触及学生的情绪和意志，触及学生的精神需要，这种教学就能发挥高度有效的作用。皮亚杰的建构主义学习理论有如下表述：知识不是通过教师的传授得到的，而是学习者在特定情境的感染中，特定情绪的撩拨下，借助于必要的学习资料，自己感悟、理解而获得的。所以说，课堂教学中，教师与学生沟通情感，建立良好的人际关系是开展有效教学的关键。

2. 认知沟通

教师帮助学生建构知识是课堂教学的重要任务之一，教师与学生进行认知沟通是课堂教学的主要内容。教师在课堂教学中要鼓励学生发挥自主性、能动性、创造性，不是被动、消极地接受知识。教师应让学生感悟、发现，从而取得教师“举一”而学生“反三”的教学效果。

3. 群体沟通

群体教学是课堂教学的主要组织形式，教师要善于掌握与全体学生沟通的技

能，实现顺利地完成课堂教学任务的目的。群体的价值和力量在于其成员思想和行为上的一致性，而这种一致性取决于群体规范的特殊性和标准化的程度。群体规范具有维持群体、评价和导向成员思想和行为以及限制成员思想和行为的功能。

4. 个人沟通

既然课堂教学是群体教学，它是由单个学生组成的集体，学生们的态度、认知经验、水平都不是整齐划一的。所以教师不但要面向全体开展教学，还要善于抓住学生特点进行针对性教学。在群体教学活动中，抓住时机与学生个人进行沟通是拉近师生心理距离、培育师生情感和提高教学效果的重要手段。个人沟通包括对优等生的沟通，对中等生的沟通，对学困生的沟通。低水平的教学是不顾学生的接受实际，不实行分层教学。教师盲目地赶教学进度，学生囫囵吞枣地接受，这样的教学结果往往成为低效甚至无效的教学。

三、沟通技能的课堂应用策略

1. 课堂教学氛围的类型及说明

心理学家认为，课堂教学中的学习心理环境管理包括：师生心境、教与学的态度、师生关系。有以下三种类型。

和谐支持型：师生关系和谐、互谅、互助、愉快，学生求知欲强，思维活跃。

消极防卫型：师生关系不融洽，课堂气氛消极、沉闷，学生学习无兴趣。

紧张对立型：师生关系紧张对立，学习活动不能有效开展。

2. 沟通技能策略的类型及操作要点

课堂教学中，心理因素起着重要的作用。教师如果以“教师为中心”简单、生硬地教学，就容易造成师生关系紧张，影响教学活动的高效开展。可以说，师生之间人际关系的品质决定着沟通的质量，沟通的质量又决定着教学的成效。因此，教师与学生之间，需要彼此了解对方进行信息交流的动机和目的意图；需要彼此注意、理解交流信息的含义；需要有相互交流的愿望。而信息交流的结果往往又影响和改变人的心理和行为，以增进群体成员之间的和谐。综上所述，沟通技能在改善课堂教学氛围中经常使用的策略有如下几点。

策略一：教师的真诚、爱心是实施沟通的前提条件。

苏霍姆林斯基说："一个好的教师意味着什么？首先意味着他是一个热爱学生的人，感到跟学生交往是一种乐趣。他相信每一个学生都能成为一个好人，善于跟他们交朋友，关心学生的快乐和悲伤，了解学生的心灵，时刻都不忘自己也是个学生。"

策略二：同理心是沟通的前提。

同理心是指在人际交往中，能够体会他人的情绪和想法、理解他人的立场和感受，并站在他人角度思考和处理问题的能力。我们站在学生的角度，站在他人的角度，自然就会让我们的沟通对象感受到被理解尊重，从而主动乐意去接受我们的想法或意见。

策略三：依据团体动力学理论实现沟通。

能够创造自己的心理优势，强烈地影响其他成员，称为"团体动力"。团体动力学一词最初是由勒温于 1939 年提出来的，他认为个体的行为是由个性特征和环境影响相互作用的结果，在群体中，只要有别人在场，一个人的思想行为就同他单独一个人时有所不同，会受到其他人的影响。

策略四：沟通要把握尺度和分寸。

沟通因人而异，我们沟通的对象、我们学生的类型也是千差万别的，教师与学生的沟通是一种创造型的行为，模式不是单一的，要做到因材施教，对不同类型的学生采用不同的、有针对性的手段，才能有收获。

策略五：融情是沟通的灵魂。

"灵魂"比喻事物中起主导和决定作用的因素，这里把融情比喻成沟通的灵魂恰恰说明了融情在沟通策略中的重要地位。

策略六：沟通的语言要准确生动。

教学实践证明：教师和学生沟通的时候，如果语言生动，表情自然，精神饱满，声音洪亮，能用肯定的语言激励学生，表现出认真真诚的态度，那么学生必然精神振奋，学习积极性高，我们的教学也必然收到好的效果。

第四节 案例分析

案例1：通过有效沟通培养学生倾听能力

【案例呈现】

一个阳光明媚的上午，五年级（2）班的英语课上——“Let me try!”“I can answer the question!”看着班内孩子们一张张情绪高涨的小脸，一双双高举的小手，我不禁沾沾自喜地想道：“瞧，我都没来得及把问题说完，孩子们就都会了！我们可真是默契十足啊！”想着，我的上课劲头就更足了，不断采用游戏、竞赛、歌谣等方式进行教学。如我所愿，每次请他们朗读、表演对话时，个个摩拳擦掌，争先恐后地想上台露一手，课堂气氛十分活跃，热闹非凡……“孩子们，今天的知识大家都学会了吗?”“Yes!”“Brilliant！那我们就来答张小练习吧！”发试卷时他们像一个个可爱的向日葵般摇曳着笑脸，让我看到了孩子们的自信，5分钟过去了，10分钟过去了……“收卷了，下节课公布成绩，好吗?”“OK!”

当天下午，惊诧、不可思议，在我的脑中徘徊……2个班78名学生的小练习竟然有41人有明显的错误，其中24人因为没有听清我的要求而将T F写成了√×；更有17人的答题卡上空空如也（课下经询问，他们都反映是没有听清要求的缘故）。掌握较好的学生只占47.4%，不到总人数的一半。我不禁思索，这究竟是怎么回事呢?

【案例分析】

回想在平时的英语课上，学生们确实感到轻松与快乐，可是我只注意到了课堂表面的“繁华”，却没有注意到：自复习课以来，当我在讲解语法、分析考点的时候，学生们根本就静不下心来听并记录，当同伴们说出自己的好方法时，他们更是没有耐心去聆听并思考。看来，总保持这种“君子动口不动‘耳’”的风格是不现实的。如果课上，他们只是单纯地模仿发音，兴奋参与，而非用心倾听，教学实效会大打折扣。只有认真倾听、仔细思考，才能在学习兴趣提高的同时，博采众长，弥补不足，将知识变为自身的“财富”。

案例2：通过有效沟通培养学生口语交际能力

【案例呈现】

近期，一个老生常谈的问题又被提出了：如何有效地培养学生的英语口语交际能力？对于这个问题的解答可谓众说纷纭，我认为：想让孩子们主动交流，大胆开口，兴趣是基础，自信是关键，有了这些基石，孩子们交际能力的养成概率就可以大大地提升了。因为，小学生学习英语最重要的是培养他们的兴趣，让他们一开始就对英语产生一些好感，在对英语有了好感之后，再进一步培养他们的能力，加强他们对英语学习的喜好。因此，在平时的课堂中，教师应该特别注重培养小学生对英语学习的兴趣和爱好。尽量多地采用游戏式教学法，让孩子们在做游戏的快乐氛围中学习英语知识，练习英语口语。更好地为孩子们提供练习英语口语的平台和情境，多组织学生参与校内外的英语小短剧表演、英文诗歌朗诵、课本剧表演、学习英文歌曲等形式多样的活动。这样，孩子们的进步就会不止体现在英语口语上，改变最大的还是孩子们的性格。

记得刚接班时，有一位语音语调特别好的小男孩名叫小曾，他很引人注目。一整堂课下来，我发现他特别渴求回答问题，但又总是一副胆怯而欲言又止的样子。事后，与班主任交流，得知小曾是一个性格内向的小男孩，由于个子小小的，声音柔柔的，班内淘气的男生给他起了一个外号叫“娘娘腔”。日久天长，他越来越不自信，一说话就脸红，动辄就会掉眼泪。听着班主任的描述，我深思了一会儿，忽然有了一个想法，我请来了小曾，柔声对他说道：“小曾你好，知道老师为什么请你来吗?”“不……不知道，老师，我上课认真听讲了！”他的声音越来越小，小脸红得像一个小苹果。“因为老师觉得你长得很像动画片里的小英雄罗宾汉!”不可置信的眼神霎时看向我：“啊！老师，他们都叫我……”看着孩子有些语无伦次的窘迫，我轻轻地拍了拍他的肩：“好孩子，有一部课本剧，叫《英雄罗宾汉》，我想请你来当主演，你愿意吗?”“老师……我……”我眼神坚定地看着他，说道：“相信我，你一定没问题!”“老师，我愿意!”说着，他的眼泪已簌簌而下。

鼓励孩子后，我向学校申请，报名参加了朝阳区英语才艺展示比赛活动，想通过一部话剧“挽救”一个“未来之星”的自信。我深信：“Any kid can be a

superstar!”这之后，每天上课，我都会和小曾沟通他的排练细节并不时鼓励他。同学们也纷纷反馈道：“老师，小曾现在变得爱和我们说话了!”“老师，小曾现在可大方了，他真的变得自信多了!”……

一天课后，一个满脸光彩、快乐自信的男孩，走到我的面前，“老师，感谢您给予我机会，让我自信，现在大家都不再给我‘起外号’了，我现在特别爱上英语课!”听到他的话，我无比激动地说道：“噢！难道大家没有给你起个新的外号叫‘小英雄罗宾汉’吗?”欢笑声不绝于耳……我的心中倍感欣慰。

【案例分析】

1. 兴趣——口语交际的前提

英语学习的兴趣是英语教学的生命，教育家孔子说过：“知之者不如好之者，好知者不如乐知者。”对于初学英语的儿童来说，兴趣的培养显得尤为重要。所以，要根据儿童好动、善模仿、爱说、爱唱、爱表演的特点，不断激发学生的学习兴趣，使学生由“要我学”变为“我要学”，主动获取知识，为此，在教学中教师应该运用多种教学方法和手段来激发学生想说、敢说、乐说的兴趣。

2. 模仿——口语交际的基础

模仿是初学者学习外语的主要方法之一，通过模仿，学生才能逐步掌握语音、语调、形成初步的语感。

（1）听清、发准音再进行模仿。

英语是一种陌生的声音，对于小学生初学必须培养他们良好的学习习惯，首先要注意听，听清发音，同时要注意看，看准教师的口型变化，再进行模仿，这样有利于学生准确地掌握，避免一些似是而非的发音出现。

（2）克服羞怯，大声模仿。

由于学生的年龄特点，大部分学生害羞，不敢开口，这就要求教师要不断鼓励学生，充分肯定他们的进步，在示范时要速度放慢，学生模仿要清清楚楚，大大方方，使学生敢于开口说、乐于说、逐步养成善于沟通的习惯。

（3）防止纠错过严。

在学习英语的过程中，学生经常会出现很努力的模仿，却往往发音不到位、不准确的情况，这是初学者很自然的一种表现。教师在这一过程中要表现出极大的耐心，要正确处理好纠正发音和鼓励开口的关系，帮助学生正音，但要避免纠错过严，使学生丧失说的勇气和信心。比如：一次听课，一位男孩子自我介绍时把 boy 说成 girl，全班学生哄堂大笑，男孩子的脸羞红了，刚刚鼓起的勇气马上就要消失了，教师此时应该及时表扬他思维敏捷，能很快纠正错误，适时地给学生找了一个台阶，这样孩子以后学得就更认真，更自信了。

3. 活动——口语交际的实践

英语教学要以学生的学为中心，通过多种活动，调动学生的全部感官参与学习实践，学生既是学习主体，又是发展主体。交际是语言的最基本的功能，英语教学就是要培养学生运用英语进行交际的能力，在课堂上把所学语言与实际生活相结合，采用多种形式的交际方式，把课堂变成进行语言技能训练的主要阵地。

4. 创新——口语交际的深化

在学生能准确模仿对话的基础上，鼓励学生根据实际情况，仿照书本内容创新对话，随着知识的积累，指导学生把新知识与旧知识相结合，自编自演，使学生的积极性高涨，充分发挥了他们的想象力，从而获得成就感，其他学生也从中受到启发，增长了知识，长期下去，学生运用语言的能力就增强了。

苏霍姆林斯基说过：“兴趣的激发源泉在于运动，成功的欢乐是一种巨大的情绪力量。”小学英语是孩子们学习英语的起点，所学内容相对较少，功能性强，要从听、说入手，激发他们对学习英语的兴趣，让他们轻松、愉快、精神饱满地参与英语学习，形成人人动脑、个个开口的局面，让英语课堂变幻无穷，乐趣横生。学习的兴趣可以使学生对英语充满好奇心与新鲜感，逐步养成学生对英语学习的永久性乐趣和志趣，同时把学生从枯燥的口语操练中解放出来，充分发挥其学习主观能动性，培养学生的口语交际能力，为可持续性的终身学习打下良好基础。

附　录　沟通技能评价量规

要素	优秀	良好	尚可	需努力	权重
学习目标	目标明确，能够建立知识联系，形成学习期待，学习劲头很足。	目标明确，较好地建立知识联系，形成学习期待，学习劲头较大。	目标较明确，能够建立知识联系，形成期待，动力不足。	目标不明确，知识联系不紧密，学习没有劲头。	0.25
师生情感	语言生动形象，师生关系融洽和谐。	语言生动形象，师生关系较和谐。	语言较生动，师生关系一般。	语言平淡无奇，师生关系不和谐。	0.25
认知效果	指导学生建构知识顺畅，学习效率高。	指导学生建构知识顺畅，学习效率较高。	能够指导学生建构知识，学习效率一般。	指导学生建构知识不顺畅，学习效率低。	0.20
教育机智	语言幽默，能够及时灵活处理课堂发生的问题，效果好。	语言较幽默，能够及时灵活处理课堂发生的问题，效果较好。	语言平淡，能够及时处理课堂发生的问题，效果一般。	语言呆板，不能够及时灵活处理课堂发生的问题，效果差。	0.15
手段运用	运用多种手段与学生沟通。	能够运用大部分手段与学生沟通。	能够运用部分手段与学生沟通。	不能运用多种手段与学生沟通。	0.15
备注					1

第九章

结束技能

学习目标

- 表述：什么是结束技能
- 了解：结束技能在课堂教学中的作用
- 比较：结束技能与其他教学技能的区别和联系
- 分析：结束技能的构成要素
- 掌握：提高结束技能的训练方法

第一节　结束技能的定义及说明

一、结束技能的定义

结束技能是教师完成一项教学任务时，通过重复强调、概括总结、实践活动等，对所教的知识或技能进行及时的系统化巩固和应用，使新知识稳固地纳入学生的认知结构中的一类教学行为。

二、结束技能的说明

结束是教学过程中的一个重要环节，它将学生的注意力引导到一个特定的任务（学习步骤的完成中去）。结束技能不仅广泛地应用于一节新课讲完、一章学完，也经常应用于讲授新概念、新知识的结尾。结束在教学过程中所用时间虽然不多，但在教学中却是不可或缺的，需要教师的精心设计。所以结束技能也是衡量教师教学水平的重要标志之一。课堂教学的结束，要依据本节课的教学内容，将学生所学的分散的知识集中、归纳，进行系统的教学总结，帮助学生完成由感性认识到理性认识、由局部到整体、由个别规律到一般规律的飞跃。课堂教学的结束，如同聚光灯一样，收拢学生纷繁的思绪，帮助他们清理思路，梳成“辫子”，帮助学生对所学知识了然于胸，变瞬时记忆为短时记忆、长时记忆。课堂教学的结束，又好像推进器，它指引学生在旧知识的基础上向新知识进军，激励学生不断向新的高度攀登。所以，结束技能是课堂教学中必不可少的一个环节，也是教师展现智慧的环节。

好的结束能给人以情感上的激发、认知上的升华以及艺术上的享受。因此，设计好一个耐人寻味的结尾，对于帮助学生总结重点、理清脉络、巩固知识等都有举足轻重的作用。但好的结束效果绝不是教师只凭灵机一动就能达到的效果，而是需要教师具备较强的教学结束技能。

三、结束技能的理论依据

1. 认知的层次组织

认知心理学的同化理论认为，当新的知识被纳入认知结构时，若新知识类属于认知结构中的某一概念或某一命题，则不但新知识获得了意义，而且原来起类属作用的概念或命题也得到了充实或修改。这种类属过程多次出现，导致概念或命题不断分化，多数有意义的学习都具有不断分化的特征。例如，学生了解了一个词的含义，接下来再从形式、意义、词形、句型、搭配和语篇等各个角度学习这个词汇，掌握该词的语义价值。如果新知识的纳入属于上位学习或并列结合学习，则认知结构中已有的观念可以重新组成彼此关联的观念，这样不但获得了新知识，而且认知结构中原有的因素经过新的组合又获得了新的意义。认知结构中原有的因素这样重新组合，称为综合贯通。例如，英语词汇的学习，一方面意味着学生能够提取一个词与其他相关词构成的关系网络，另一方面意味着学生能够将该词用于适当的情境中，与真实的情境相联系相匹配，从而综合运用语言。所以，综合贯通也是消除已有知识之间的混淆与矛盾，从而达到新的认识的过程。当教师将可能出现混淆的知识条理分明地呈现出来时，学生的综合贯通将进行得更为顺利。

由此可见，在应用结束技能时，应根据新知识的特点分析它与原有认知结构之间的关系，按照认知的层次组织规律将新知识纳入到认知结构中，同时注意原有认知结构所应起的变化，促进学生在纳入新知识的同时，调整原有的认知结构，从而形成新的认知结构。

2. 同化理论关于保持与遗忘的基本假定

有意义学习的同化理论认为，人脑不同于计算机，它在短时期内只能储存有限的信息。人脑为了减轻记忆负担，必须对知识加以组织。在知识的组织中，原有的较稳固的观念倾向于替代或者擦去新的较不稳定的意义痕迹。在新旧观念的相互作用中，原有观念擦去新观念的痕迹的过程，叫遗忘性同化。同化理论认为，有意义遗忘不完全是一个消极过程。因为知识只有经过加工和组织，才能有效地保持在认知结构中。简化和减轻记忆负担，是组织知识的根本原则。在有意义的遗忘过程中，人的认识简化，合乎经济原则，是以遗忘知识的具体细节为代价的。

根据有意义遗忘的心理机制的假设和有意义遗忘过程的特点，我们可以看出，在应用结束技能时，有意识地忽略那些知识的细节而突出知识内容的重点是符合保持与遗忘的规律的。而所谓突出知识内容的重点就是强调那些反映知识结构的概括性和适用性的内容。既明确新知识与原有知识之间的联系，又强调它们

之间的区别，使遗忘只发生在不重要的细节内容上，只有如此才能在学生的头脑中留下清晰深刻的印象。否则，就会出现前面提到的现象，学生对新知识理解了，但下课后又感觉什么也没抓住。

3. 认知结构的激活扩散模型

认知结构的激活扩散模型也是一个网络模型。但与层次网络模型不同，它放弃了概念的层次结构，而以语义联系或语义相似性将概念组织起来。概念之间用连线表示它们的联系，连线的长短表示联系的紧密程度，连线愈短，表明两个概念有愈多的共同特征。这样的语义记忆结构无疑不同于逻辑层次结构，但它本身又有强弱之别。连线的不同强度依赖于其使用频率的高低，使用频率高的连线有较高的强度。由于激活是沿不同的连线扩散的，当不同来源的激活在某一个结点交叉，而该结点从不同来源得到的激活的总和达到活动阈限时，产生这种交叉的网络通路就受到评价。激活扩散模型的信息提取机制是相当复杂的。它与层次网络模型不同。层次网络模型只包含搜索过程，而激活扩散模型则包含两种过程，除搜索过程以外，还有决策过程。这种决策过程也可看作计算。

从激活扩散模型我们可以看出，知识的保持不仅与知识的组织程度有关，还与知识的运用频率和信息加工过程的决策计算有关。认知心理学对知识的研究结果也表明，不同的识记方式导致对识记内容加工的深度也有所不同，对新知识信息加工越充分，识记效果越好。例如，博布罗（S. Bobrow）和鲍尔（G. H. Bower）曾要求被试记一些简单的“主—谓—宾”结构的句子。在第一种条件下，被试记忆由实验者提供现成的句子，在第二种条件下，被试者自己用句子中的主语和宾语名词另造句子，测验要求是给被试者提示主语，要求他们回忆出宾语名词。结果发现，第一种条件下的回忆率为 29%，第二种为 58%。这种显著的差异在于精心加工的水平不同。

以上的认知心理学研究结果表明，将新知识纳入原认知结构，不仅需要按逻辑层次进行组织，而且需要对知识进行必要的精心加工，应用结束技能时应注意对新获得的知识进行应用。由于新知识的结论往往是通过几个典型事例得出的，还不够稳固，需要将它应用到所属类中的其他事例中，通过应用加强同类事物之间的联系。通过对反例的判断，明确新知识的外延与其他类事物的区别。

第二节　结束技能要素及其实现方法

结束技能应用的核心是对新知识的深入加工，包括对新知识信息的浓缩提炼和揭示新旧知识的关系以实现知识系统化。这就需要教师引导学生概括要点、明确结论。概括要点、明确结论是结束技能的关键要素。同时教师在进入总结阶段的时候应明确表示以唤起学生注意力，为主动参与总结提供心理准备。教学结束时回顾思路与方法、恰当安排练习巩固、应用适当拓展延伸也是十分必要的。所以结束技能的构成要素主要有以下几个方面。

一、提供心理准备

教师应该向学生明确教学已经进入总结阶段，唤起学生的有意注意，把精力集中于关注重要信息以实现知识的系统化、结构化，为学生主动参与总结提供心理准备。教师往往通过语言直接向学生说明总结阶段的到来，并告知通过什么方式总结。

例如："这个新知识就学习到这里，现在让我们共同把重点作一个总结"，"让我们共同解答一下问题，作为今天学习知识的结束"等。

二、概括要点，明确结论

概括要点通常是指从新知识中筛选出对形成完整学科知识结构至关重要的信息，以及解决问题时经常应用的重要信息。用简约、强调的语言加以概括，以突出重点、便于记忆。明确结论虽然也包含着强调重点、淡化过程的含义，但它更是指用肯定的语言揭示新知识和已有知识之间的联系与区别，从知识结构的角度给出明确的结论。

例如，在"Chores"教学的结束阶段，可以概括总结如下。

(1) 能够借助小组合作，掌握词汇 chore，clean the room，make the bed，take out the rubbish，wash clothes，tidy the desk，sweep the floor 的含义。

(2) 能够掌握询问和回答做某种家务和频率的交际用语。

— What chores do you do at home?

— I ....

— How often do you do it?

— I ....

（3）能够用几句话写出自己做家务的情况。

（4）渗透学生主动做家务的意识。

三、回顾思路与方法

成功的教学常取决于好的教学设计和教学思路。好的教学思路，要从学生知识基础和认识水平出发，抓住新知识的核心及新旧知识间的联系，注意抽象思维与形象思维的结合，注意宏观事实与微观本质的统一。好的教学思路不仅有利于知识和技能的传授，也有利于促进学生思维等能力的形成与发展。

因此，回顾解决问题的思路与方法是构成结束技能的重要要素，并安排在总结阶段适当的时候实施。回顾解决问题的思路与方法，并不要求全面再现全部过程，而是要求对思路与方法作出学生能够理解和便于接受的简明的概括，抓住重点和关键，每次突出一两个问题，以利于掌握、迁移和运用。例如，Chores 的结束阶段就可分成两部分。

1. 寻找身边的榜样

教师提问："Do you think doing chores is easy or hard?" 通过该问题的讨论，引导学生享受与家人共做家务的时光。通过网络上搜集的一家人共同大扫除的照片，以及家长提供的学生做家务的照片给学生正面的引导和情感体验，让学生从身边人中发现榜样，更真实的感受到做家务并不是一件枯燥乏味的事情，也为学生学着享受做家务提供动力。

2. 制定计划，持续学习

学生独立制定家务计划："What chores do you want to do at home? How often do you want to do it?" 并在小组内分享自己的家务计划。

What chores do you want to do?
How often do you want to do it?
I want to cook every day.
I want to take out the rubbish three times a week.

课后学生按照制定的计划完成家务，家长在计划单上给出评价。

My parents say...

____

____

____

____

21 天可以养成一个习惯，通过家务计划单将课堂学习带到生活中，使学习真正延续到学生的生活中，家长的评价可对学生起到监督和督促的作用。21 天后，学生将计划单带回，课上进行分享交流。

四、组织练习，巩固应用

把所学知识应用到新的情境中去，解决新的问题，在应用中巩固知识并进一步激发思维活动，培养学生解决问题的能力。练习是引导学生参与并亲自获取知识的一种重要教学形式，广泛地运用于教学各阶段。总结过程中教师组织学生练习，可使学生及时结合问题和情境运用新知识，加强对新知识的记忆、巩固和深化。组织练习，使学生通过边练习、边总结的过程，巩固运用知识和归纳整理知识，促进新知识教学目标的实现。组织练习应该目的明确、层次清晰。明确目的是指练习的内容要紧密围绕重点和关键少而精地安排，教师要结合每一个问题对新知识的重点或新旧知识的联系与区别加以指点，帮助学生实现理解知识要点和重要结论的目标。层次清晰是指练习难度的控制和练习顺序的安排。可以先安排识记方面的问题，帮助学生加强对重点知识和重要结论的记忆；然后提供问题情境使学生具体应用新知识或者结合已有的相关知识辨析新旧知识的关系，帮助学生落实新知识，并把新知识纳入到原有认知结构中去。在完成这些练习后，依据教学目标和学生的认知需要与能力，还可以安排适量综合运用知识或深化拓展知识的练习。

练习有多种形式，包括书面练习、扮演、口答、分组研讨、试验习题或结合演示的问题等。要根据不同的教学内容、不同的学生特点以及教学条件等，选择教学过程中适当、可行的练习方式，以吸引更多的学生积极参与练习和总结。

五、拓展延伸

引导学生通过对结论条件的讨论评价，使学习内容拓宽、引申和提高，开拓学生的思路，使学生把所学知识与生活、生产、社会实际联系起来，创建一个新的问题情境，认识知识的价值或把前后知识联系起来形成系统等，把学习内容扩展开来，学到活的知识。

六、联系新的学习内容

每节课的知识内容是整个学科体系中某一部分内容的个别知识点，因此，在大部分情况下，相邻的两节课之间，课堂中所学的知识内容是相关联的。在课堂结束技能中，教师要有意识地通过一定的方法（如留下疑问，或提出新的内容等）让学生对新的知识内容充满期待，激发对未知问题获得解决的渴望。

第三节　结束技能的应用策略

一、结束技能的应用原则

1. 水到渠成，自然妥帖

课堂教学的结束不仅仅是因为到了结课时间，也是因为教学内容的设计发展到了该告一段落的时候了。教学结束是外在客观时间与教学内容内在发展同时结束时所需要的教学行为。因此，教学结束要根据教学时间与教学的逻辑发展而进行。教师一定要准确把握课堂教学的进程和时间，合理安排每一项活动内容，把结束控制得恰到好处，做到水到渠成、自然妥帖，避免生拉硬套的结束。

2. 结构完整，首尾照应

课堂教学是由几个相互联系的环节组成的一个完整的统一体，结束是教学活动中不可缺少的环节，教师应充分考虑它的地位、发挥它的作用。结束时要使结束语和前面的教学内容保持脉络贯通，注意前后联系，好似一条金线，把学生所学的知识串联起来，形成完整的知识结构。

结束过程要与导入过程首尾呼应，前后一致，使整节课浑然一体。特别是有些课的结束实际上就是对导入的总结或回答，导入时提出的问题如果在教学过程中没有明确回答，就应该在结束时讨论，使之明确。如果导入时精心设疑布阵，在讲解和结束时却无下文，或结束时又乱设悬念另搞一套，则会搅乱学生的思维而无从获益。

3. 语言精练、紧扣中心

教学结束要简洁明快，干净利落，画龙点睛地梳理当堂所讲的知识，总结归纳要紧扣教学目标，提示知识结构和重点。结束的过程在一节课中所占时间较短，因此要求归纳总结简明扼要。但是简要不是简单地重复一遍黑板上的大小标题，而是对重点、要点的升华。结束的语言不可冗长、拖泥带水，而应该是少而精，高度浓缩、概括性极强的语言，能够起到画龙点睛、提炼主题、提升认识、升华情感的作用。

4. 内外沟通，立意开拓

结束是对重要的事实、概念、规律等进行总结深化和提高，对有些内容要拓展延伸。结束时不能只局限于课堂本身，要注意课内外沟通，进一步启发学生思维，把学生引导到更广阔的生活世界、知识世界里去学习。教师要立意在结束时指导学生进行开拓，通过结束引导学生在更广阔的空间里拓宽知识面、增强各种能力，给学生留有思考的余地与活动的空间。这样，结束既是课堂学习的指导，也是课外学习的指导，更是推动学生走向更广阔天地的推动力。

二、应用结束技能要注意的问题

1. 把握结课时机

结束是课堂教学的重要组成部分，要精心设计，注意合理分配时间，准确把握好结束的时机。一要避免临近结束时，看到剩余时间不多了，就紧急刹车，马上结课，草率收尾，既没有对教学内容梳理总结，也没有回顾练习，更没有留有余地，让人回味，整堂课显得虎头蛇尾，达不到结束的要求。二要避免留给结束的时间过多，结课时信口开河、无话找话，甚至故弄玄虚，喋喋不休地讲个不停，显得画蛇添足。这样会使结课的精彩黯然失色，甚至使学生产生厌烦情绪。

2. 激发学生兴趣

兴趣是推动学习的动力，一节课快要结束时学生已经疲劳，注意力容易分散。此时教师采取精练的语言、灵活有趣的结束活动有助于帮助他们重新集中注

意力，回到课堂教学中来。教学结束时更要注意调动学生积极参与，可以设置一些悬念，鼓励学生运用发散思维，促使学生积极思考和探索，使学生感到“语已尽而意无穷”课后咀嚼回味，展开丰富的联想。平淡无奇的结束，达不到启发思维、回味无穷的境界，反而很容易使学生在平淡中淡忘所学的内容。

3. 注意前后一致

结束时要注意所讲授内容的前后联系，避免在结课时前后矛盾。这种前后矛盾包括：结束与导入提出的问题相矛盾、结束与讲授内容相矛盾，或者是教师所表达的观点与教材观点相矛盾等等。结束时的前后矛盾会造成学生认知上的冲突，影响学生对教学内容的正确理解。

4. 按时下课

在教学中，教师对某些重点的阐述允许必要的重复，允许不厌其烦，甚至过于追求精练。但是在结束时，经过一节课的学习，学生已疲劳，如果教师不按时下课容易使学生产生逆反心理，因为大部分学生不喜欢甚至会怨恨教师拖堂。因此，教学结束时绝不要拖泥带水，一定要按时下课，否则学生失去了耐心，设计得再好的结束也不愿听。

第四节　案例分析

案例1：My Classroom

【案例呈现】[1]

师：（指着 PPT 中的图片）

This is a beautiful classroom. It’s very big. It’s clean. We should clean our classroom every day.

I’m on duty today. I want to clean the blackboard. What’s your opinion？ What should you do？ Can you make the classroom clean？

You can talk in your group.

① 源自高文杰老师的课例。

师：Boys and girls！If you can do this，please say it out！（学生在小组内热情大胆地讨论）

I want to clean the blackboard. How about you?

生：I want to close the window！

生：I want to turn off the light！

生：I want to close the door！

师：Now look at me，I have a piece of paper.（教师手拿作业单示范给学生们）

I want to clean the blackboard. So I stick the picture here. And I can write the sentence.

You can choose one and stick on it. And try to finish the sentence. If you finished，try to read in your group.

学生在老师的指导下认真完成作业单。（放本单元的歌谣录音）

师生共同完成《我的教室》学生手制书……

师：Which group want to show? Let's make a book about our classroom.

学生以组为单位到讲台前来展示。

师：The classroom is clean now.（教师用订书器把学生的作业单订成一本书）

师：（音乐响起。一边展示学生的自制书，一边说）Our classroom is clean and tidy. We should clean it every day. We try to make it clean and beautiful. We love our classroom very much.

【案例分析】

结合新授课的内容，在最后结尾部分进行了内容综合的分析和整理。给学生的实际运用做好知识的巩固和铺垫，同时对学生的情感教育进行了升华，从几个单词的学习到让学生主动为班级的卫生贡献自己的力量，大家一起来维护班级的环境卫生等。让学生自由而深情地表达自己的情感。看，孩子们的自制书多棒呀！

案例2：Chores Lesson 2[①]

【案例呈现】

（1）师生交流前期制定的家务计划的情况，写一写自己做家务的情况及感受。Talk about the chores plan we made early，write down your condition and feeling of doing chores.

教师通过提问“Do you remember the chores plan？What is your plan？Have you finished it？”和学生就学生前期制定的家务计划完成情况进行简单交流。

随后，进行写作活动：“What chores do you usually do at home？Do you enjoy it？”学生独立完成后，小组内进行交流，最后在全班进行分享。

（2）谈论有关家人做家务的情况及感受。Talk about the family condition of doing chores.

在交流完自己做家务的情况和感受后，教师和学生交流家人做家务的情况。

教师提问：“Who usually does chores in your family？What chores does he/she do？Does he/she enjoy doing chores？”（此处出现第三人称单数，要注意学生的表达）

设计意图：在本课课本的调查部分出现了第三人称单数的表达，但不作为本节课重点。教师对教材进行调整，通过和学生谈论家人做家务的情况和感受来进行第三人称单数的表达，更加贴近学生生活。

（3）分享能使做家务变轻松的小方法。Share tips of doing chores.

教师通过提问“If we do chores for long time，or we do a lot of chores，we will be tired. Do you have some tips to make us do chores easy or fun？”引发学生思考，并且通过小组讨论交流，提出一些小方法，在全班分享。

设计意图：通过让学生思考让家务变得轻松有趣的方法，引导学生和家人分担家务，共享家务时光的情感。

【案例分析】

本课是Chores话题的第二课时，在21天以前，通过对学生做家务情况的前

---

① 源自孙宜老师的课例。

测了解到，在家做家务的学生并不多，而且做家务的频率也不高。因此，教师通过让学生制定家务计划，利用21天养成做家务的习惯，使课堂学习延续到生活中，真正做到持续学习，并达成学生的情感体验。21天后进行再次交流，谈论做家务的感受。

案例3：My Pet

【案例呈现】①

1. **Let's chant 环节**

T：Take out your worksheet. Look at Step 5——Let's chant.

This is a little chant. You need to write some words into the blanks to finish the chant. I will give you an example to show you my chant.

T：I have a little little pet.

It's a yellow yellow cat.

It has a long tail and a small nose.

Guess how much I love you.

T：Let's read it together!

Ss：I have a little little pet. It's a yellow yellow cat. It has a long tail and a small nose. Guess how much I love you.

2. **Let's sing 环节**

T：All of you read it very well. Besides reading，we can also sing the chant with music. Just to change some words. The words is on your worksheet. Now，I will play the music. It focuses on the song "Two tigers" . Let's follow the colour words to sing it! Are you ready?

Ss：Yes!

T：OK! Let us try to sing it.

教师播放《两只老虎》伴奏音乐，学生跟随字幕演唱。第一遍尝试跟唱，第二遍大声演唱。

---

① 源自叶丹老师的课例。

Ss：I have a little pet. I have a little pet.

It's a yellow cat. It's a yellow cat.

It has a long tail and a small nose.

Guess how much I love you.

T：Excellent！Today we have learned/learnt some new words about pet. And you know how to describe our pets with some short sentences. That's so great！Everyone，let's end this lesson with songs.

教师再次播放音乐，在歌声中结束课堂。

【案例分析】

在结束环节让学生填空，补全歌词，对于三年级学生来说是个挑战。但是学生们对于这项挑战的兴致很高，因为在该活动前，教师已经通过课堂各项活动的操练，让学生学习了有关宠物的词汇和句型，因此在补全歌词的活动中，学生能够较好地完成任务。之后学生演唱自己创作的歌曲，不仅在知识层面上进行了拓展，也大大提高了学生的学习兴趣，陶冶了学生情操，在愉悦的体验中结束这一课。

案例4：After School Activities

【案例呈现】①

T：Kids!！Today we learnt Unit5 After School Activities Lesson 1，Now let's play flash cards game to have a short review. Let's see who can speak it out loudly and correct！

S：They say the phrases enthusiastically and happily.

T：Great！Please look at your little exercise. Could you match them？Let's have a try.

S：（Students finish it carefully.）

T：Time to check your answers in pair. Who did it alright？please raise up your hands. （T need to find out the students who didn't get alright so that we can tutor

① 源自石岩老师的课例。

them after class.)

T: At last, let us speak this disordered key sentence correct on team. (showing it in PPT).

S: (Students think and say it on their own.)

T: Kids, I'm so happy that you learn these so well today. Please write down the homework which is good for you today:

1. If you learn these phrases and sentence very well, please enrich 3 – 5 more after school activities and rewrite the sentence.

2. If you learn these not so well, please copy the Chinese and English meaning of these phrases and sentences well.

3. If you did get them at all, please hand in the audio work on Wechat.

T: OK! That's all for today. I'll see you next time.

S: Bye Miss Sissi.

【案例分析】

通过本堂课的学习，在结尾处添加了说、写的快速复习活动，让孩子们主动地参与进来，也更便于教师发现未达标的孩子，并给予辅导和帮助。分层留作业，是孩子们比较喜欢的，他们可以根据自己的实际水平和情况，选择最适合自己的作业，帮助学生对自己的认识更到位，提高他们的选择能力。

附　录　结束技能评价量规

要素	优秀	良好	尚可	需努力	权重
提供心理准备	教学内容按照预设时间进行到结束部分；通过合适的强调行为（语言、手势、音乐等）唤起学生有意注意；通过行为变化使学生重新进入学习状态。	教学内容按照预设时间进行到结束部分；通过一定的强调行为（语言、手势、音乐等）唤起学生有意注意；通过行为变化使学生重新进入学习状态。	教学内容按照预设时间进行到结束部分。	教学内容未按预设时间进行到结束部分。	0.1

续表

要素	优秀	良好	尚可	需努力	权重
概括要点明确结论	通过合适的方法概括突出重点、强化要点，构建要点知识之间，以及与其它知识之间的联系，并用适合学生年龄特点的结构性的形式呈现。	通过恰当的方法概括突出重点、强化要点，构建要点知识之间，以及与其它知识之间的联系，并用结构性的形式呈现。	通过一定的方法概括突出重点、强化要点。	结束时没有对重点、难点进行概括、强调。	0.2
回顾思路与方法	用恰当合适的方法回忆解决问题的过程，并用正确、激发学生兴趣的方式进行强化；提炼解决问题的方法，分析方法的重要性。	用合适的方法回忆解决问题的过程，并用一定的方式进行强化；提炼解决问题的方法，分析方法的重要性。	用合适的方法回忆解决问题的过程。	没有对思路的回顾和方法的总结。	0.2
组织练习巩固应用	组织练习选题针对教学目标的重难点；少而精的安排练习，通过练习，发现存在的问题，并进行强化。	组织练习选题有针对性；少而精的安排练习，通过练习，发现存在的问题，并进行强化。	组织练习选题有针对性；少而精的安排练习。	没有组织练习。	0.2
拓展延伸联系新的学习内容	创设合适的情境，激发解决问题的欲望；尝试运用所学方法解决问题；明确解决此问题的局限，激发对未知问题获得解决的渴望；联系新的学习内容。	创设情境，激发解决问题的欲望；尝试运用所学方法解决问题；激发对未知问题获得解决的渴望；联系新的学习内容。	创设新的情境，激发解决问题的欲望；尝试运用所学方法解决问题。	没有将所学知识应用在新的情境中的环节。	0.3
备注					1

参考文献

[1] J. A. Walsh. 优质提问教学法［M］. 刘彦译. 北京：中国轻工业出版社，2009.

[2] 北京市义务教育课程改革实验教材英语第十五册. 九年级［T］. 北京：北京师范大学出版社，2010.

[3] 北京市义务教育课程改革实验教材英语第十一册. 七年级上学期［T］. 北京：北京师范大学出版社，2010.

[4] 程可拉. 任务型外语学习研究［M］. 广东：广东高等教育出版社，2006.

[5] 何克抗. 教学系统设计［M］. 北京：北京师范大学出版社，2002.

[6] 加涅·布里格斯·韦杰. 教学设计原理［M］. 皮连生、庞维国等译. 上海：华东师范大学出版社，1999.

[7] 教育部. 义务教育英语课程标准 2011 年版［M］. 北京：北京师范大学出版社，2011.

[8] 李宝荣. 英语教师如何开展有效的反思［J］.《中小学外语教学》（中学篇），2010. 4：1 –5.

[9] 李涛. 教师常用教学技能训练［M］. 北京：中国轻工业出版社，2014.

[10] 孟宪凯. 教学技能有效训练——微格教学［M］. 北京：北京出版社，2007.

[11] 鲁子问，康淑敏. 英语教学设计［M］. 上海：华东师范大学出版社，2008.

[12] 孟宪凯. 微格教学基本教程［M］. 北京：北京师范大学出版社，1992.

[13] 皮连生. 教学设计——心理学的理论与技术［M］. 北京：高等教育出版社，2000.

[14] 义务教育课程标准实验教科书英语（Go for it 新目标）八年级上册［T］. 北京：人民教育出版社，2007.

[15] 义务教育课程标准实验教科书英语（Go for it 新目标）七年级下册［T］. 北京：人民教育出版社，2011.

[16] 孙立仁. 微格教学理论与实际研究［M］. 北京：科学出版社，1997.

[17] 孙鸣. 英语学习与教学设计［M］. 上海：上海教育出版社，2004.

[18] 义务教育课程标准实验教科书英语（新标准）初中三年级上册（学生用书）［T］. 北京：外语教学与研究出版社，2006.

[19] 义务教育课程标准实验教科书英语（新标准）七年级上学期（学生用书）［T］. 北京：外语教学与研究出版社，2011.

[20] 杨九民，梁林梅. 教学系统设计理论与实践［M］. 北京：北京大学出版社，2008.

[21] 高夫友．优化板书设计，让英语阅读课更精彩［J］．考试周刊，2012（68）：107－108.

[22] 乐加颖．小学英语教学中的板书设计［J］．中小学外语教学（小学篇），2007，30（01）：12－17.

[23] 李玲．小学英语板书设计的艺术［J］．基础教育论坛，2015（31）：13－14.

[24] 董志坤．尺幅容万言　精彩尽其中——让小学英语板书重现其独特魅力［J］．英语新世纪，2012（04）：49－53.